教育部　财政部中等职业学校教师素质提高计划成果
物流专业师资培训包开发项目(LBZD048)

物流专业教师教学能力标准、培训方案和培训质量评价指标体系

Wuliu Zhuanye Jiaoshi Jiaoxue Nengli Biaozhun、Peixun Fangan He Peixun Zhiliang Pingjia Zhibiao Tixi

教育部　财政部　组编
白世贞　主编
沈　欣　霍　红　刘兴革　执行主编

中国财政经济出版社

图书在版编目（CIP）数据

物流专业教师教学能力标准、培训方案和培训质量评价指标体系/沈欣，霍红，刘兴革执行主编．—北京：中国财政经济出版社，2011.10

教育部、财政部中等职业学校教师素质提高计划成果　物流专业师资培训包开发项目．LBZD048

ISBN 978-7-5095-3105-1

Ⅰ.①物…　Ⅱ.①沈…②霍…③刘…　Ⅲ.①物流-中等专业学校-师资培训-教材　Ⅳ.①F252

中国版本图书馆 CIP 数据核字（2011）第 186057 号

责任编辑：张　铮　　　责任校对：张　凡

封面设计：陈　瑶　　　版式设计：董生平

内容提要

本书是教育部、财政部"中等职业学校教师素质提高计划成果"中"物流专业师资培训包开发项目（LBZD048）"的结题成果之一。本书汇编了物流专业教师教学能力标准、教师培训方案和教师培训质量评价指标体系。主要介绍了中等职业学校物流专业教师应具备的教学能力、专业知识及实践技能的标准；以教师教学能力标准为基础的教学培训方案；以及从教师教学能力标准出发，围绕教师培训方案、培训条件、培训管理及效果制订的教师培训质量评价指标体系。

本书可用于中等职业学校物流专业教师上岗层级、提高层级和骨干层级的培训指导用书，也可作为各级物流专业教师培训的指导与参考用书。

中国财政经济出版社出版

URL：http：//www.cfeph.cn

E-mail：cfeph @ cfeph.cn

社址：北京市海淀区阜成路甲 28 号　邮政编码：100142

营销中心电话：88190406　北京财经书店电话：64033436　84041336

北京富生印刷厂印刷　各地新华书店经销

787×1092 毫米　16 开　4.75 印张　106 000 字

2011 年 12 月第 1 版　2011 年 12 月北京第 1 次印刷

定价：12.00 元

ISBN 978-7-5095-3105-1/F·2630

（图书出现印装问题，本社负责调换）

质量投诉电话：88190744

教育部　财政部中等职业学校教师素质提高计划成果
系列丛书

教育部 财政部中等职业学校教师素质提高计划成果
系列丛书

物流专业师资培训包开发项目
(LBZD048)

项目牵头单位 哈尔滨商业大学
项 目 负 责 人 白世贞

出版说明

根据2005年全国职业教育工作会议精神和《国务院关于大力发展职业教育的决定》（国发［2005］35号），教育部、财政部2006年12月印发了《关于实施中等职业学校教师素质提高计划的意见》（教职成［2006］13号），决定“十一五”期间中央财政投入5亿元用于实施中等职业学校师资队伍建设相关项目。其中，安排4 000万元，支持39个培训工作基础好、相关学科优势明显的全国重点建设职教师资培养培训基地牵头，联合有关高等学校、职业学校、行业企业，共同开发中等职业学校重点专业师资培训方案、课程和教材（以下简称“培训包项目”）。

经过四年多的努力，培训包项目取得了丰富成果。一是开发了中等职业学校70个专业的教师培训包，内容包括专业教师的教学能力标准、培训方案、专业核心课程教材、专业教学法教材和培训质量评价指标体系5方面成果。二是开发了中等职业学校校长资格培训、提高培训和高级研修3个校长培训包，内容包括校长岗位职责和能力标准、培训方案、培训教材、培训质量评价指标体系4方面成果。三是取得了7项职教师资公共基础研究成果，内容包括中等职业学校德育课教师、职业指导和心理健康教育教师培训方案、培训教材，教师培训项目体系、教师资格制度、教师培训教育类公共课程、职业教育教学法和现代教育技术、教师培训网站建设等课程教材、政策研究、制度设计和信息平台等。上述成果，共整理汇编出300多本正式出版物。

培训包项目的实施具有如下特点：一是系统设计框架。项目成果涵盖了从标准、方案到教材、评价的一整套内容，成果之间紧密衔接。同时，针对职教师资队伍建设的基础性问题，设计了专门的公共基础研究课题。二是坚持调研先行。项目承担单位进行了3 000多次调研，深度访谈2 000多次，发放问卷200多万份，调研范围覆盖了70多个行业和全国所有省（区、市），收集了大量翔实的一手数据和材料，为提高成果的科学性奠定了坚实基础。三是多方广泛参与。在39个项目牵头单位组织下，另有110多所国内外高等学校和科研机构、260多个行业企业、36个政府管理部门、277所职业院校参加了开发工作，参与研发人员2 100多人，形成了政府、学校、行业、企业和科研机构共同参与的研发模式。四是突出职教特色。项目成果打破学科体系，根据职业学校教学特点，结合产业发展实际，将行动导向、工作过程系统化、任务驱动等理念应用到项目开发中，体现了职教师资培训内容和方式方法的特殊性。五是研究实践并进。几年来，项目承担单位在职业学校进行了 1 000 多次成果试验。阶段性成果形成后，在中等职业学校专业骨干教师国家级培训、省级培训、企业实践等活动中先行试用，不断总结经验、修改完善，提高了项目成果的针对性、应用性。六是严格过程管理。两部成立了专家指导委员会和项目管理办公室，在项目实施过程中先后组织研讨、培训和推进会近 30 次，来自职业教育办学、研究和管理一线的数十位领导、专家和实践工作者对成果进行了严格把关，确保了项目开发的正确方向。

作为“十一五”期间教育部、财政部实施的中等职业学校教师素质提高计划的重要内容，培训包项目的实施及所取得的成果，对于进一步完善职业教育师资培养培训体系，推动职教师资培训工作的科学化、规范化具有基础性和开创性意义。这一系列成果，既是职教师资培养培训机构开展教师培训活动的专门教材，也是职业学校教师在职自学的重要读物，同时也将为各级职业教育管理部门加强和改进职教教师管理和培训工作提供有益借鉴。希望各级教育行政部门、职教师资培训机构和职业学校要充分利用好这些成果。

为了高质量完成项目开发任务，全体项目承担单位和项目开发人员付出了巨大努力，中等职业学校教师素质提高计划专家指导委员会、项目管理办公室及相关方面的专家和同志投入了大量心血，承担出版任务的 11 家出版社开展了富有成效的工作。在此，我们一并表示衷心的感谢！

编写委员会

2011 年 10 月

目录

物流专业教师教学能力标准

物流专业师资培训方案

物流专业教师培训质量评价指标体系

物流专业教师教学能力标准

一、制订说明

（一）开发依据

中等职业教育是我国中等教育体系的重要组成部分，也是我国职业教育体系的重要组成部分。切实深化中等职业教育改革，是满足我国社会发展和经济建设需要、促进中职教育持续健康发展、办人民满意教育的关键环节。而改革中等职业教育，首先需要培养的是中等职业学校的教师。现今社会高速发展，对中等职业教育提出了挑战。因此，教育部、财政部提出了制定中等职业学校教师教学的能力标准，以为社会培养适合工作岗位的技能型人才。

在大量调研和讨论的基础上发现，中等职业教育教师的教学能力分为实践型能力和教学型能力。这两者紧密联系，不可分割。因此，本能力标准分为两大方向：中等职业学校物流专业教师实践能力标准和教学能力标准。前者对中职教师的实践能力提出要求，要求中职教师能胜任物流主要工作岗位的操作；后者对中职教师的教学能力提出要求，要求中职教师能胜任物流专业课程的所有教学环节。

其中，实践能力模块主要分为四个：仓储作业能力、配送作业能力、运输作业能力、物流客服作业能力。劳动部“国家物流师职业资格标准——助理物流师标准”规定了七大技能要求：物品采购（可选）、仓储管理、配送管理、运输管理、生产物流管理、国际货运管理（可选）、物流信息管理。本项目组根据这七大技能要求，组织物流行业专家和物流教育专家进行研讨，得出结论：物流信息管理的各项技能体现在仓储、配送、运输过程中。因此，本标准未将物流信息管理单独列为一个实践能力模块。根据本项目组对中职学校和一些企业的调研，得出了中职物流毕业生的工作岗位群。而调查结果表明，中职毕业生在生产物流岗位和物品采购岗位、国际货运管理岗位就业的很少，而从事物流客服的中职毕业生（多为女性）占物流客服岗位的比例较大。因此，本标准将物流客服单独列出成为一个实践能力模块。在最后的物流专业行业专家和教育专家联合研讨中，达成一致：中职物流专业教师主要需要掌握的技能为：仓储、配送、运输、物流客服四个模块，四个模块对应岗位群和能力领域如表 1、图 1 所示。

表 1　　物流岗位群

	模块	岗位群
物流专业	仓储	收货员、装卸搬运员、上架员、仓库保管员、拣货员、包装员、发货员、信息员、质检员、退货员、成本分析员、安全管理员、设备管理员、自动仓库操作员；
	配送	接单员、备货员、盘点员、拣货员、配货员、补货员、装卸搬运人员、叉车司机、验货员、理货员、分拣员、包装员、复核员、检验员、装箱员、待货区管理员

续表

	模块	岗位群
物流专业	运输	保险业务员、车辆调度员、运输信息员、驾驶员、押运员、维修员、租车员、随车理货员、拼箱员、装卸员、搬运员、叉车操作员、订舱员、客服业务员、市场营销业务员、拼箱业务员、单证员、海运中转科业务员、租船业务员、代运业务员、现场业务员、报关行业务员、报关行内勤、报检员、申报员、审单员、监卸员、跟单员。
	物流客户服务	客户关系维护员、呼叫中心话务员、投诉处理员、理赔处理员、受理员、录入员。

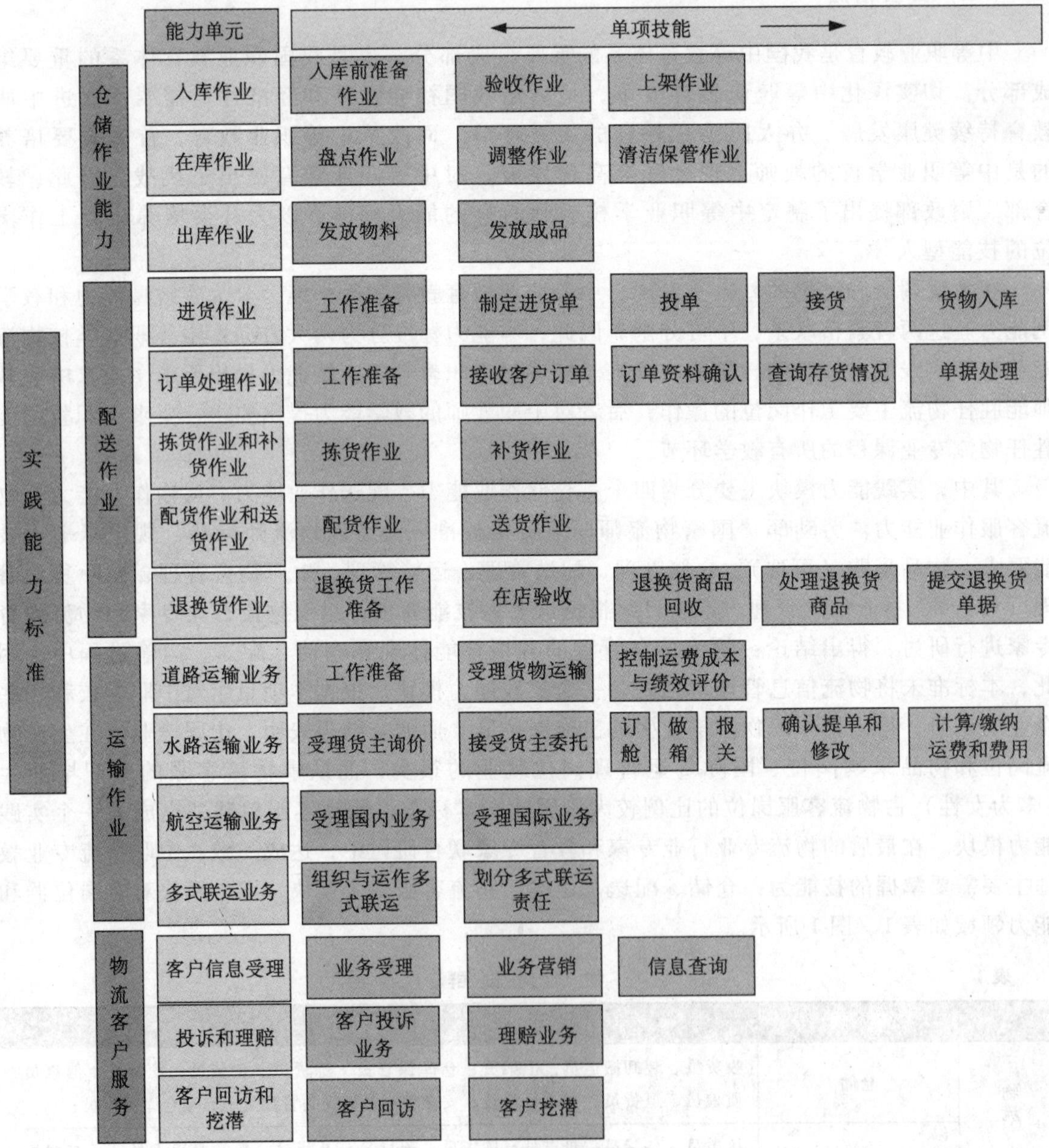

图1 物流专业实践能力图谱

其中本标准的实践能力模块是国家职业资格标准和实践调研的完美结合。这四个模块在“国家物流师职业资格标准”的助理物流师、物流师技能要求中均是主要内容，本标准开发的内容对要求比较高的实践或教学能力作了区分，为中职教师的分层级培训提供了一定基础。

教学能力模块主要内容依据本项目组组织的资深物流专业教师、中职学校物流教师、教育专家研讨会得出的中职物流专业教学过程，得出本标准的教学能力标准，如图2所示。

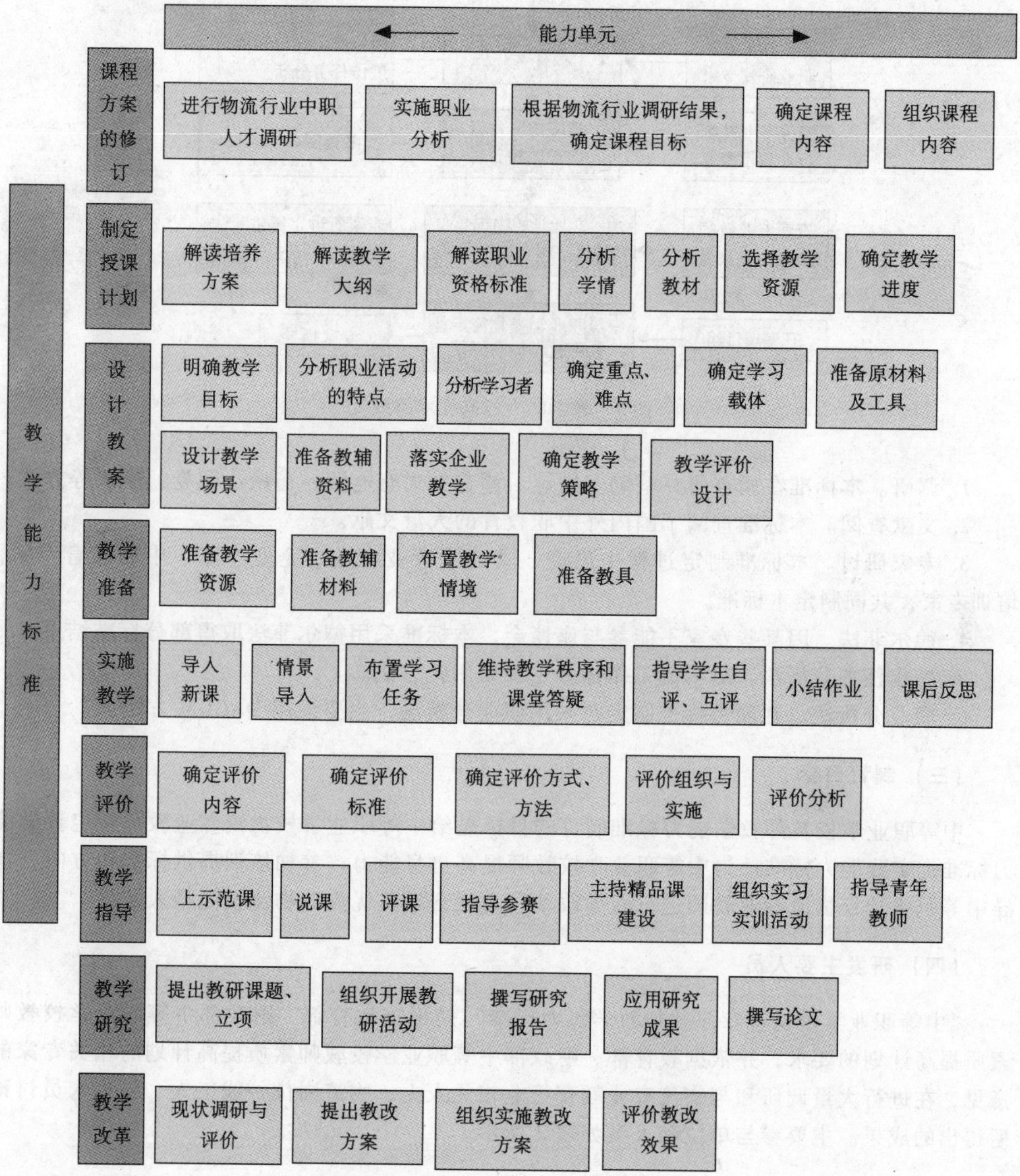

图2　物流专业教师教学能力图谱

（二）技术路线和方法

制定方法主要有（图3）：

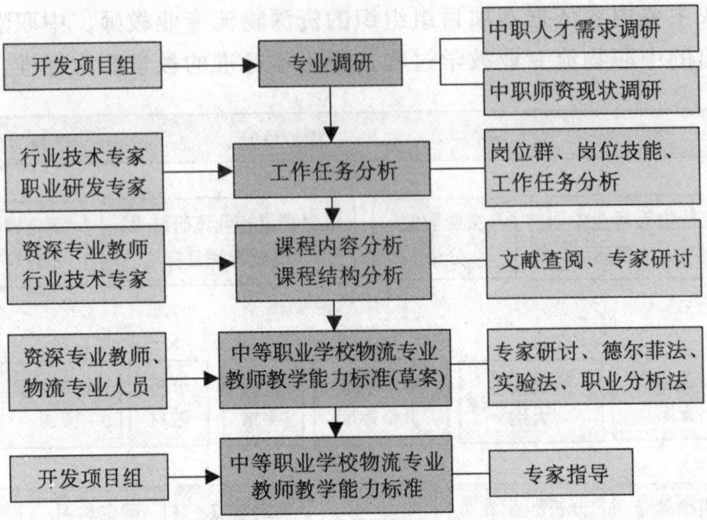

图3 教学能力标准技术路线

1. 调研。本标准在调查研究基础上制定。调查方式有电话、访谈、问卷、座谈等方式。

2. 文献查阅。本标准查阅了国内外中职教育的大量文献。

3. 专家研讨。本标准制定过程中邀请、聘请了行业专业、企业专家、中职教育专家、培训专家，共同制定本标准。

4. 德尔菲法。因某些专家不能参与座谈会，本标准采用德尔菲法取得部分标准结果。

5. 工作任务分析法。对物流工作任务主要采用此方法。

6. 职业分析法。在能力标准制定时采用职业分析法，主要运用 DACUM 方法。

（三）制订目标

中等职业学校教师教学能力标准制订的目标是给中等职业学校物流专业教师指定教学能力标准，实践能力标准；为中等职业学校教师提高自身能力，参加培训提供标准和方向；指导中等职业学校物流专业教师进行教学改革；为社会培养优秀的物流技能型人才。

（四）研发主要人员

“中等职业学校物流专业教师教学能力标准”是根据教育部、财政部中等职业学校教师素质提高计划的要求，并依据教育部、财政部中等职业学校教师素质提高计划的相关专家的意见，在进行大量调研和与物流专业教育行业相关人士、物流岗位一线工人、管理人员讨论后得出的成果。主要参与单位和人员如表2所示。

表 2　　能力标准开发单位与人员

单位	姓名	职务	职称	专业
哈尔滨商业大学管理学院	沈欣	科研秘书	副教授	物流管理
哈尔滨商业大学管理学院	白世贞	院长	教授、博导	物流管理
哈尔滨商业大学职业技术学院	刘兴革	副院长	副教授	教育学
教育部中等职业教育物流类专业教学指导委员会	任豪祥	主任	高工	物流管理
中国物流与采购联合会	靖安奇	培训部主任	工程师	物流管理
中国物流学会	牟维仲	会长	高工	物流工程
中国物流标准化委员会	黄久久	副秘书长	研究员	物流工程
中国商品学会	万融	会长	教授	商品学
渤海大学	单凤儒	副校长	教授	管理学
深圳职业技术学院经济管理学院	窦志铭	副院长	教授	商品学
黑龙江农业工程职业学院	范利仁	校长	教授	教育学
北京市交通学校	王国文	教研组组长	讲师	物流管理
北京市交通学校	柳合玲	教师	高级讲师	物流管理
上海市高桥职业技术学校、上海市现代物流开放实训中心	黄裕程	主任	讲师	物流管理
南京市下关区职业教育中心	黄蓓蓓	教师	中学一级	物流管理
陕西省城市经济学校	黄若瑾	教师	中级	物流管理
青岛交通职业学校	王新芹	教师	中学一级	报关
黑龙江省农垦工业学校	刘宝恒	教师	讲师	物流管理
北京宅急送快运股份有限公司	陈平	总裁	高工	物流管理
北京首都机场海关	杨燕冬	科长	中级	商品学
深圳天虹商场集团物流配送中心	黄国军	主管	中级	物流管理
哈尔滨龙卫医药公司仓储部	杨竹军	主管	中级	仓储管理
哈尔滨商业大学管理学院	杨艳玲	07 级研究生	硕士	物流工程
哈尔滨商业大学管理学院	刘阳	07 级研究生	硕士	物流管理

二、教学能力标准成果

中等职业学校教师教学能力标准成果如下所示。

（一）中等职业学校物流专业教师实践能力标准

模块一　仓储作业能力

（岗位群：装卸搬运员、叉车司机、收货员、上架员、仓库保管员、拣货员、包装员、发货员、信息员、质检员、退货员、成本分析员、安全管理员、设备管理员、自动仓库操作员）

★表示要求比较高的实践或教学能力。

1 入库作业

1.1 入库前作业

1.1.1 获取到货信息

1.1.2 准备货位

1.1.2.1 整理、清洁货位并验收场地

1.1.2.2 检查货位照明、通风等设备是否符合行业、作业标准

1.1.2.3 核算货位大小

1.1.2.4 识别衬垫材料、作业工具

1.1.2.5 确定衬垫方案和堆垛方法

1.1.3 根据入库进程组织人力

1.1.4 明确装卸搬运流程

1.1.5 准备文件

1.1.5.1 识别各种单据（如：入库单、残损单、理货检验单等）

1.1.5.2 运用物流信息系统调取相关单据

1.2 验收作业

1.2.1 引导车辆

1.2.1.1 核对车辆所载货物情况

1.2.1.2 引导车辆到卸货月台

1.2.1.3 根据仓储协议确定是否卸货上架

1.2.2 核对单据

1.2.2.1 核对送货单与预入库单货物名称、数量、日期

1.2.2.2 记录到货时间

1.2.3 检查货物

1.2.3.1 检查商品包装

1.2.3.2 检查外观质量

1.2.3.3 确定清点方法

1.2.3.4 进行商品分类

1.2.3.5 清点货物数量或重量

1.2.4 签收单据

1.2.4.1 进行物证核对

1.2.4.2 记录核对差错，反馈信息

1.2.4.3 签收单证

1.3 上架作业

1.3.1 系统录入储位

1.3.1.1 输入储位编号

1.3.1.2 输入托盘编号

1.3.1.3 保存数据

1.3.2 货物入储位

1.3.2.1 生成入库托盘—储位对照单

1.3.2.2 使用叉车等工具将托盘放入储位

1.3.3 储位标记

1.3.3.1 标记已验收货物

1.3.3.2 标记入库储位，填写货物保管卡

1.3.4 上架后确认

1.3.4.1 识别无线射频设备（RF）

1.3.4.2 运用 RF 确认货物数据信息★

2 在库作业

2.1 盘点作业

2.1.1 日盘/月盘/年终盘点

2.1.1.1 盘点前理货准备

2.1.1.2 打印盘点表（卡）

2.1.1.3 统计盘点结果

2.1.1.4 分析盘盈盘亏★

2.1.2 调整作业

2.1.2.1 制订调整计划

2.1.2.2 实施调整计划

2.2 清洁保管作业

2.2.1 保管

2.2.1.1 明确特殊商品的养护方法

2.2.1.2 明确温湿度控制与防霉防虫方法

2.2.1.3 识别商品包装标识

2.2.2 根据 5S 法整理清洁库房

3 出库作业

3.1 发放物料（针对生产型企业）

3.1.1 制订用料（胶带等）计划★

3.1.2 核对领料单据

3.1.3 发放物料

3.1.3.1 备料

3.1.3.2 发料

3.1.3.3 记账

3.2 发放成品

3.2.1 审核出库单据

3.2.2 配货

3.2.2.1 根据出库单确定配货商品

3.2.2.2 明确商品存储位置

3.2.2.3 选择取货路线

3.2.2.4 取货

3.2.2.5 选择复核方式

3.2.2.6 进行商品复核

3.2.2.7 记录复核结果

3.2.2.8 放置货物到备货区

3.2.3 放货

3.2.3.1 包装商品

3.2.3.2 清点交接

3.2.3.3 登账

模块二　配送作业

（岗位群：接单员、备货员、盘点员、拣货员、配货员、补货员、装卸搬运人员、叉车司机、验货员、理货员、分拣员、包装员、复核员、检验员、装箱员、待货区管理员）

1 进货作业

1.1 工作准备

1.1.1 环境准备

1.1.1.1 场地卫生清洁

1.1.1.2 备好设施设备

1.1.2 物品准备

1.1.2.1 准备各种用具（根据行业货物不同要求，选择相应用具）

1.1.2.2 准备各类表格

1.1.3 资讯准备

1.1.3.1 获取商品信息

1.1.3.2 明确当前库存状态并反馈给采购计划部门

1.2 制定进货单★

1.2.1 检查库存、准备购进量及在途进货量

1.2.2 制订采购计划

1.2.2.1 确定进货商品并选择供应商

1.2.2.2 确定进货商品的种类、数量等

1.2.3 生成进货单

1.3 投单★

1.3.1 联系供应商并有效地进行交流沟通

1.3.2 提交进货单据

1.4 接货并验收

1.4.1 引导车辆

1.4.1.1 核对车辆所载货物情况

1.4.1.2 引导车辆到卸货月台

1.4.1.3 根据仓储协议确定是否卸货上架

1.4.2 核对单据

1.4.2.1 核对送货单与预入库单货物名称、数量、日期

1.4.2.2 反馈送货日期提前或推迟货物

1.4.3 检查货物

1.4.3.1 检查商品包装

1.4.3.2 检查外观质量

1.4.3.3 选择清点方法

1.4.3.4 进行商品分类

1.4.3.5 清点货物数量或重量

1.4.4 签收单据

1.4.4.1 进行物证核对

1.4.4.2 记录核对差错，反馈信息

1.4.4.3 签收单证

1.5 货物入库

1.5.1 录入储位

1.5.1.1 输入储位编号

1.5.1.2 输入托盘编号

1.5.1.3 保存数据

1.5.2 货物入储位

1.5.2.1 打印“入库托盘—储位对照单”并交给叉车司机

1.5.2.2 将托盘放入储位

1.5.3 储位标记

1.5.3.1 标记已验收货物

1.5.3.2 标记入库储位，填写货物保管卡

1.5.4 上架后确认

1.5.4.1 掌握无线射频设备（RF）用途

1.5.4.2 利用 RF 确认货物数据信息

1.6 盘点

1.6.1 日盘

1.6.1.1 盘点前理货

1.6.1.2 准备盘点表（卡）

1.6.1.3 统计盘点结果

1.6.1.4 分析盘盈盘亏★

1.6.2 月盘

1.6.3 年终盘点

2 订单处理作业★

2.1 工作准备

2.1.1 备好设备、用具

2.1.2 备好各种单据、表格

2.2 接收并确认订单资料

2.2.1 确认货物信息（数量、送货日期等）

2.2.2 确认客户信用

2.2.2.1 检查客户的财务状况

2.2.2.2 更新客户信用信息

2.2.3 确认订单形态（一般交易、现销式交易、合约式交易、寄库式交易订单等）

2.2.4 确认订货价格

2.2.4.1 确认价格是否相符

2.2.4.2 价格不符的订单提交主管审核

2.2.5 确认加工包装方式

2.3 查询存货情况

2.4 单据处理

2.4.1 设立订单号码

2.4.2 建立客户档案

2.4.3 输出订单资料

3 拣货作业和补货作业

3.1 拣货作业

3.1.1 工作准备

3.1.1.1 拣货场地卫生清洁

3.1.1.2 明确货物仓位和储位信息

3.1.1.3 备好拣货设备、用具及各种单据

3.1.1.4 明确拣货设备（叉车、传送带等）及辅助拣货工具（无线射频等）的使用

3.1.2 安排拣货

3.1.2.1 接收货物订单

3.1.2.2 决定拣选方法（按单拣选、按批量拣取与复合拣取）

3.1.2.3 输出拣货清单

3.1.2.4 安排拣货动线

3.1.3 拣选货物

3.1.3.1 寻找待拣储位

3.1.3.2 确定拣货储位及应拣商品数量

3.1.3.3 根据拣货作业规范拣取商品

3.1.3.4 更新货物信息标示卡

3.1.3.5 将完成拣货的商品送至待验区

3.1.3.6 对待验区货物进行检验

3.1.3.7 从待验区送至集货区

3.1.4 货物分类集中

3.1.4.1 根据客户、运输路线及其他要求进行货物分类

3.1.4.2 货物分类集中堆放在暂存区

3.2 补货作业

3.2.1 工作准备

3.2.1.1 备好补货设备、用具

3.2.1.2 明确补货方式及时机（整箱、托盘补货等补货方式以及批次、定时、随机补货等补货时机）

3.2.2 存货检查

3.2.2.1 检查动管拣货区存货量

3.2.2.2 确定补货货物品名、数量等信息

3.2.3 补货

3.2.3.1 从仓库保管区选取货物

3.2.3.2 将货物搬运到动管拣货区

3.2.4 更新存货信息标示卡

4 配货作业和送货作业

4.1 配货作业

4.1.1 工作准备

4.1.1.1 配货场地卫生清洁

4.1.1.2 备好配货设备、用具及各种单据

4.1.2 配货检查

4.1.2.1 根据订货单检查货物信息（质量、数量、编号、规格等）

4.1.2.2 确认货物配货要求（常温、低温、防潮、防挤压等）

4.1.3 包装货物

4.1.3.1 明确包装的方法（单一包装、组合包装等）

4.1.3.2 对包装后的货物做标示

4.1.4 送入发货区

4.1.4.1 按指定区域码放货物

4.1.4.2 与发货管理员进行交接

4.1.5 生成送货单

4.1.5.1 运用操作系统完成配载

4.1.5.2 打印送货单

4.2 送货作业

4.2.1 工作准备

4.2.1.1 备好送货设备、用具及各种单据

4.2.1.2 明确送货工具的使用方法

4.2.2 安排送货

4.2.2.1 明确送货单信息（货物信息、配送区域、路线、顺序、时间及特

殊要求等）

4.2.2.2 明确车辆积载原则并监督指导车辆积载

4.2.2.3 填制派车单

4.2.2.4 安排司机

4.2.2.5 与司机有效地进行业务交接

4.2.3 送货

4.2.3.1 把握途中车辆、路况、气象等状况并及时传达相关信息

4.2.3.2 根据指令作送货调整

4.2.3.3 掌握客户信息并能够与客户友好地沟通

4.2.4 审核客户与交货

4.2.4.1 确认客户信息及订货单据

4.2.4.2 收货单据签字盖章

4.2.4.3 交货、收回货款

5 退换货作业

5.1 退换货工作准备

5.1.1 退换货单据准备

5.1.2 资讯准备

5.1.2.1 获取退换货商品信息

5.1.2.2 把握退换货政策

5.2 在店验收

5.2.1 检查货物

5.2.1.1 检查货物质量、包装

5.2.1.2 清点货物数量

5.2.2 签收货物，填制退换货单据（注明数量、品名及退货原因）

5.3 处理退换货商品

5.3.1 利用各种工具堆放到商品存放区（叉车、推车、托盘等）

5.3.2 执行退换货商品的处理

5.3.2.1 处理重新入库商品

5.3.2.2 处理退供货商商品

5.3.2.3 处理报废销毁商品

5.3.2.4 处理就地封存商品

5.4 填写与提交退换货单据

模块三　运输作业

（岗位群：保险业务员、车辆调度员、运输信息员、驾驶员、押运员、维修员、租车员、随车理货员、拼箱员、装卸员、搬运员、叉车操作员、订舱员、客服业务员、市场营销业务员、拼箱业务员、单证员、海运中转科业务员、租船业务员、代运业务员、现场业务员、报关行业务员、报关行内勤、报检员、申报员、审单员、监卸员、跟单员）

1 道路运输业务
1.1 工作准备
1.1.1 编制货物运输计划★
1.1.1.1 制订货物运输量计划
1.1.1.2 制订车辆运用计划
1.1.1.3 制订车辆运行作业计划
1.1.2 制订货物运输调度计划
1.1.2.1 选择运输路线
1.1.2.2 指派运输任务人员
1.1.2.3 开具调度令
1.2 受理货物运输
1.2.1 受理普通货物
1.2.1.1 确认零担和整车货物
1.2.1.2 审批和认定托运单内容
1.2.1.2 过磅量方，核实理货
1.2.1.3 监装监卸，配运装车
1.2.2 受理特种货物运输
1.2.2.1 受理超限、超长和超重货物运输
1.2.2.2 受理鲜活易腐货物运输
1.2.2.3 受理化学危险品运输
1.3 控制运费成本与绩效评价
1.3.1 制定运输成本控制策略
1.3.2 核算运费成本
1.3.2.1 确定道路运输成本项目
1.3.2.2 编制成本计算表
1.3.3 评价运输绩效
1.3.3.1 建立运输绩效评价指标体系
1.3.3.2 明确绩效考核的工作流程
1.3.3.3 编制运输主管、运输助理、运输调度的绩效考核表
2 水路运输业务
2.1 受理货主询价
2.1.1 受理海运询价
2.1.1.1 确认货物类型
2.1.1.2 识别船期表
2.1.1.3 回复各航线、港口信息
2.1.1.4 计算报关费、商检、动植检费用
2.1.2 受理陆运询价
2.1.2.1 确认货物类型和到港信息
2.1.2.2 回复物流节点城市里程数以及拖箱价格

2.1.2.3 计算报关费、商检、动植检费用

2.2 接受货主委托

2.2.1 收取货主委托书（传真）

2.2.2 明确重点信息（船期、件数、箱型、箱量、毛重、体积）

2.3 订舱

2.3.1 缮制托运单

2.3.2 备齐订舱附件

2.3.3 取得配舱回单

2.4 做箱

2.4.1 门到门做箱

2.4.1.1 填制装箱计划

2.4.1.2 排好车班

2.4.1.3 获取装箱单

2.4.2 内装装箱

2.4.2.1 计算报关费、商检、动植检费用

2.4.2.2 制订车班计划

2.4.2.3 获取装箱单

2.5 报关

2.5.1 备齐报关随附单证

2.5.1.1 备齐报关基本单证

2.5.1.2 备齐报关特殊单证

2.5.2 商品归类与缮制报关单

2.5.2.1 商品归类

2.5.2.2 缮制报关单

2.5.3 海关申报

2.5.3.1 预录入报关单

2.5.3.2 现场递单

2.5.4 陪同海关查验

2.5.5 缴纳税款

2.5.5.1 计算税费

2.5.5.2 现场缴纳税费款

2.5.6 放行提取货物

2.6 确认和修改提单

2.6.1 确认提单以及发放形式

2.6.1.1 电放

2.6.1.2 预借

2.6.1.3 倒签

2.6.1.4 分单

2.6.1.5 并单

2.6.1.6 异地放单

2.7 计算/缴纳运费和费用

2.7.1 计算/缴纳海运费

2.7.2 计算/缴纳陆运费

2.7.3 计算/缴纳其他通关费

3 航空运输业务

3.1 受理国内业务

3.1.1 办理托运

3.1.1.1 确定货物类别

3.1.1.2 查询航班信息

3.1.1.3 报价

3.1.2 安排货舱

3.1.3 收货

3.1.3.1 检查

3.1.3.2 过磅签字

3.1.4 制单收费

3.1.4.1 签发分运单

3.1.4.2 计费核收

3.1.5 托运装机

3.1.5.1 配合机场检查

3.1.5.2 获取主运单

3.1.6 取货派送

3.2 受理国际业务★

3.2.1 处理出口空运业务

3.2.1.1 受理托运

3.2.1.2 订舱

3.2.1.3 接单提货

3.2.1.4 缮制单证

3.2.1.5 报关

3.2.1.6 货交航空公司

3.2.1.7 传递信息

3.2.1.8 结算费用

3.2.2 处理进口

3.2.2.1 获取到货信息

3.2.2.2 发放到货通知

3.2.2.3 缮制单证

3.2.2.4 报关

3.2.2.5 提取货物

3.2.2.6 结算费用

4 多式联运业务

4.1 组织与运作多式联运业务

4.1.1 订立多式联运合同

4.1.2 处理集装箱业务

4.1.2.1 空箱的发放

4.1.2.2 空箱的提取

4.1.2.3 空箱的运送

4.1.3 出口报关（国际业务）

4.1.3.1 申报

4.1.3.2 陪同查验

4.1.3.3 缴纳税费

4.1.3.4 提取货物

4.1.4 装箱及接收货物

4.1.5 订舱及安排货物运送

4.1.6 签发多式联运提单

4.1.7 货物交付

4.1.8 处理货运事故

4.2 划分多式联运的责任

4.2.1 明确多式联运的责任类型及责任期间

4.2.1.1 明确多式联运的责任类型

4.2.1.2 明确多式联运的责任期间

4.2.2 确定多式联运赔偿限额

4.2.3 确定承托双方责任

4.2.4 处理索赔与诉讼

模块四　物流客户服务

（岗位群：客户关系维护员、呼叫中心话务员、投诉处理员、理赔处理员、受理员、录入员）

1 客户信息受理

1.1 业务受理

1.1.1 接受委托

1.1.1.1 了解客户所需

1.1.1.2 向客户提供建议

1.1.1.3 识别报价表

1.1.1.4 达成委托协议

1.1.2 信息录入

1.1.2.1 在系统中录入基本信息

1.1.2.2 核对工作单内容

1.1.3 跟踪办理

1.1.3.1 提醒和督促调度及时安排办理
1.1.3.2 跟踪确认办理结果
1.1.3.3 出现问题时与客户及时沟通

1.2 业务营销

1.2.1 解答咨询

1.2.1.1 分析客户意图
1.2.1.2 向客户介绍业务
1.2.1.3 记录

1.2.2 扩大合作

1.2.2.1 识别客户扩大合作需求
1.2.2.2 及时将客户需求反馈至营销部或领导
1.2.2.3 及时将合作信息录入系统

1.3 信息查询

1.3.1 查询准备

1.3.1.1 明确货物发出和到达方式的查询方法
1.3.1.2 追踪货物送达信息
1.3.1.3 明确货物异常出港的处理方法
1.3.1.4 明确进港、出港、受理、异地调货业务
1.3.1.5 做好货物清单和签发单原单的返回收集和整理

1.3.2 货物查询

1.3.2.1 对于系统中显示明确的结果的咨询直接答复客户
1.3.2.2 对于系统中无明确显示的结果的咨询向查询人员咨询
1.3.2.3 在规定时间内将查询结果通知客户

2 投诉和理赔

2.1 客户投诉业务

2.1.1 晚点投诉

2.1.1.1 明确客户类型
2.1.1.2 平息客户不良情绪
2.1.1.3 按签订合同减免运费

2.1.2 破损、丢失投诉

2.1.2.1 明确客户类型
2.1.2.2 查找货物破损、丢失原因
2.1.2.3 若不属公司责任则做耐心解释
2.1.2.4 若属公司责任则做理赔处理并安抚客户

2.1.3 错货投诉

2.1.3.1 明确客户类型
2.1.3.2 查找错货原因
2.1.3.3 完成调货指令
2.1.3.4 表示歉意或按合同减免费用

2.1.4 服务投诉

2.1.4.1 表示歉意

2.1.4.2 查询情况

2.1.4.3 交托其他受理小组

2.1.4.4 向上级反馈投诉

2.2 理赔业务

2.2.1 事故受理

2.2.1.1 详细填写《理赔事故登记表》

2.2.1.2 向保险公司报险

2.2.2 事故调查处理

2.2.2.1 根据保险公司要求联系并安排勘察事宜

2.2.2.2 必要时直接赶赴现场进行调查取证

2.2.2.3 根据检测结果和客户索赔情况向保险公司办理索赔手续

2.2.2.4 按照客户要求给客户书面回复

2.2.2.5 将案件材料转操作部相关业务监控岗

2.2.2.6 建立保险理赔案档案

2.2.3 事故统计汇总

2.2.3.1 定期统计所有事故

2.2.3.2 对重大理赔事故进行原因分析和点评

3 客户回访和挖潜

3.1 客户回访

3.1.1 大客户回访

3.1.1.1 定期为大客户提供服务报告

3.1.1.2 进行礼节性拜访

3.1.1.3 进行大客户满意度调查

3.1.2 危机客户回访

3.1.2.1 发现危机客户后判定危机原因

3.1.2.2 将危机客户信息上报到客服经理处

3.1.2.3 协助专人对危机客户进行深入研究

3.1.2.4 协助专人制定解决危机的对策及措施

3.1.2.5 对执行情况进行监控

3.2 客户挖潜

3.2.1 挖潜客户其他业务

3.2.2.1 熟知客户其他业务情况

3.2.2.2 调查客户其他业务服务需求

3.2.2.3 在适当情况下将企业其他业务推荐给客户

3.2.2 挖潜客户上下游合作企业

3.2.2.1 探知客户的上下游合作企业

3.2.2.2 调查上下游企业的业务情况

3.2.2.3 调查上下游企业的服务需求
3.2.2.4 通过客户联系其上下游企业
3.2.2.5 在调查充分的基础上将服务推荐给上下游企业

（二）中等职业学校物流专业教师教学能力标准

1 课程方案的修订
1.1 进行物流行业中职人才调研
1.1.1 中职物流岗位调研
1.1.2 物流人才需求调研
1.1.2.1 人才数量需求调研
1.1.2.2 人才规格需求调研
1.2 实施职业分析
1.2.1 分析社会发展需要
1.2.2 分析职业发展需求，制定能力图表
1.2.3 分析个体发展需要
1.3 根据物流行业调研结果，确定课程目标
1.3.1 确定课程目标结构
1.3.2 描述具体课程目标
1.4 确定课程内容
1.4.1 确定内容筛选方法
1.4.2 筛选具体课程内容
1.5 组织课程内容★
1.5.1 确定课程纵向结构
1.5.2 确定课程横向结构
1.5.3 形成具体课程方案
2 制订授课计划
2.1 解读培养方案
2.1.1 明确专业培养目标
2.1.1.1 明确职业道德目标
2.1.1.2 明确职业能力目标
2.2 解读教学大纲★
2.2.1 明确本门课程地位和作用
2.2.1.1 明确本门课程的前后承接课程
2.2.1.2 分析先后课程与本门课程的关系
2.2.1.3 明确本门课程对学生职业能力养成的作用
2.2.2 明确本门课程的教学目标
2.2.2.1 明确知识目标
2.2.2.2 明确能力目标
2.2.2.3 明确情感态度价值观

2.2.3 分析课程内容的重点难点

2.3 解读职业资格标准

2.3.1 明确本校物流专业对应相关岗位群★

2.3.1.1 分析本校物流专业对应相关岗位群

2.3.1.2 阐述相关岗位能力要求

2.4 分析学情

2.4.1 分析学生学习年龄特征

2.4.1.1 分析学生兴趣

2.4.1.2 分析学生思维方式

2.4.2 分析学生已有知识经验

2.4.2.1 确定学生需要掌握知识

2.4.2.2 分析学生已掌握知识和需掌握知识差距

2.4.3 分析学生学习能力

2.4.3.1 分析学生掌握新知识的能力

2.4.3.2 分析学生操作新技能的能力

2.4.4 分析学生学习风格

2.4.4.1 分析班级整体学习风格

2.4.4.2 分析学生个体学习风格

2.5 分析教材

2.5.1 分析教材目标

2.5.1.1 分析教材与大纲差距

2.5.1.2 分析教材与课程目标能力关系

2.5.2 分析教材特点

2.5.2.1 分析教材思想性

2.5.2.2 分析教材科学性

2.5.2.3 分析教材趣味性

2.5.3 制定教材使用策略

2.5.3.1 制定工作过程导向的教材使用策略

2.5.3.2 制定情景导向的教材使用策略

2.5.3.3 制定情景＋工作过程导向的教材使用策略

2.6 选择教学资源

2.6.1 选择教学场地

2.6.2 选择教学资料

2.6.3 选择教学设备

2.6.4 选择实训设备

2.7 确定教学进度

2.7.1 把握教学内容和教学进度比例

2.7.2 根据教学内容设计教学时间

3 设计教案

3.1 明确教学目标
3.1.1 明确知识目标
3.1.1.1 明确陈述知识
3.1.1.2 明确程序知识
3.1.2 明确技能目标
3.1.2.1 明确心智技能
3.1.2.2 明确操作技能
3.1.3 明确态度目标
3.1.3.1 明确学生认知、情感和意志力等态度要素
3.1.3.2 明确各要素综合反应的结果
3.2 分析职业活动的特点
3.2.1 分析过程导向职业活动特点
3.2.2 分析情景导向职业活动特点
3.2.3 分析效果导向职业活动特点
3.3 分析学习者
3.3.1 分析学习准备
3.3.1.1 分析学习者一般特征
3.3.1.2 分析学习者初始能力
3.3.2 分析学习风格
3.3.2.1 分析学习风格的认知
3.3.2.2 分析学习风格的情感
3.3.2.3 分析学习风格的意动
3.3.2.4 分析学习风格的生理性倾向
3.3.2.5 分析学习风格的社会性倾向
3.4 确定重点、难点
3.4.1 确定教学重点
3.4.1.1 确定教学重点的比例
3.4.1.2 明确教学重点的内容
3.4.2 确定教学难点
3.4.2.1 确定教学难点的比例
3.4.2.2 明确教学难点的内容
3.5 确定学习载体（任务/项目）
3.5.1 分析教学内容特点
3.5.2 分析学生特点
3.5.3 分析教学条件
3.5.4 确定教学载体
3.6 准备原材料及工具
3.6.1 根据学习载体确定原材料及工具
3.6.1.1 分析学习载体对原材料及工具的需求

3.6.1.2 制定各项目/任务具体的原材料及工具需求
3.6.2 收集、占有原材料及工具
3.6.2.1 根据需求收集原材料及工具
3.6.2.2 自主改进研发教学材料及工具
3.7 设计教学场景
3.7.1 设计理论教学场景
3.7.2 设计实践教学场景
3.7.3 设计理实合一教学场景
3.8 准备教辅资料
3.8.1 根据大纲选择教辅资料
3.8.2 比较教辅资料的优缺点
3.9 落实企业教学
3.9.1 制订企业实践计划
3.9.1.1 制订实践目标
3.9.1.2 结合专业的行业背景设计实践内容
3.9.1.3 设计实践考核评价指标体系
3.9.2 建立企业联系渠道★
3.9.2.1 制订企业联系计划
3.9.2.2 结合本校专业行业背景联系相关企业
3.9.2.3 反馈业界信息
3.10 确定教学策略
3.10.1 确定教学程序
3.10.1.1 确定教学时间
3.10.1.2 设计教学程序
3.10.2 确定教学形式
3.10.2.1 调查总结学生的学习兴趣及学习需要
3.10.2.2 调查总结学生的学习规律与学习风格
3.10.2.3 根据学情和教学内容确定教学形式
3.10.3 确定教学方法和教学媒体
3.10.3.1 确定教学方法
3.10.3.2 确定教学媒体
3.11 教学评价设计
3.11.1 学业评价
3.11.2 教学评价
4 教学准备
4.1 准备教学资源
4.1.1 准备理论教学资源
4.1.2 准备实践教学资源
4.2 准备教辅材料

4.2.1 根据大纲选择教辅资料
4.2.2 比较教辅资料的优缺点
4.3 布置教学情境
4.3.1 明确教学情境要求
4.3.2 根据内容布置教学情景
4.3.2.1 布置理论教学情景
4.3.2.2 布置实践教学情景
4.4 准备教具
4.4.1 选择教具
4.4.2 使用教具
5 实施教学
5.1 导入新课
5.1.1 明确导入新课目的
5.1.1.1 回顾课程内容
5.1.1.2 明确新课导入目标
5.1.2 运用新课导入方法
5.1.2.1 运用游戏导入法
5.1.2.2 运用故事导入法
5.1.2.3 运用生活现象导入法
5.1.2.4 运用工作岗位分析法
5.1.2.5 运用其他导入法
5.2 情景导入
5.2.1 创设情境
5.2.2 激发兴趣
5.3 布置学习任务
5.3.1 案例（任务）描述
5.3.2 案例（任务）分析
5.3.3 提出问题
5.3.4 组织教学
5.4 维持教学秩序和课堂答疑
5.4.1 维持教学秩序
5.4.1.1 分析事件性质
5.4.1.2 选择处理方式方法
5.4.1.3 处理问题
5.4.2 开展课堂答疑
5.5 指导学生自评、互评
5.5.1 引导学生自评，构建自主课堂
5.5.2 引导学生互评，构建互动课堂
5.5.3 引导学生开展自主学习

5.6 小结作业
5.7 课后反思
5.7.1 反思教学目标
5.7.2 反思教学过程
5.7.3 反思教学方法
5.7.4 反思教学效果
6 教学评价
6.1 确定评价内容
6.1.1 教学准备
6.1.2 教学内容
6.1.3 教学方法（手段）
6.1.4 教学态度
6.2 确定评价标准
6.2.1 明确教学评价标准的基础
6.2.1.1 明确学生的需要
6.2.1.2 明确教师的需要
6.2.1.3 明确社会的需要
6.2.2 确定评价标准
6.2.2.1 确定教学设计评价标准
6.2.2.2 确定教学内容评价标准
6.2.2.3 确定教学过程评价标准
6.2.2.4 确定教学策略评价标准
6.2.2.5 确定作业设计评价标准
6.2.2.6 确定学业评价设计评价标准
6.3 确定评价方式、方法
6.3.1 设计多元化评价方案
6.3.2 设计定量和定性的方法
6.3.3 设计自评、互评、他评方案
6.4 评价组织与实施
6.4.1 明确评价目的
6.4.1.1 明确教学评价的目的
6.4.1.2 明确教学评价的条件
6.4.2 建立指标体系
6.4.2.1 确定指标体系建立原则
6.4.2.2 建立评价指标体系
6.4.3 获取评价信息
6.4.3.1 获取价值主体信息
6.4.3.2 获取价值客体信息
6.5 评价分析

6.5.1 制订评价方案和工具
6.5.2 实施评价方案
6.5.3 撰写评价结果报告
7 教学指导
7.1 上示范课★
7.1.1 选择教学内容
7.1.1.1 明确示范对象特点
7.1.1.2 明确教学存在问题
7.1.1.2 明确示范目的
7.1.2 进行教学准备
7.1.2.1 设计教案
7.1.2.2 选择或设计教学环境
7.1.2.3 设计板书
7.1.2.4 设计多媒体教学材料
7.1.2.5 设计教师仪表与语言
7.1.3 选择教学目标与教学策略
7.1.3.1 明确教学重点
7.1.3.2 明确教学难点
7.1.3.3 明确教学策略
7.1.4 教学流程设计
7.1.4.1 设计导入语
7.1.4.2 设计教学过程顺序
7.1.4.3 设计教学阶段情景
7.1.4.4 设计教学结语
7.1.5 教学反思
7.1.5.1 收集其他老师意见
7.1.5.2 收集学生意见
7.1.5.3 自我查找教学中的不足
7.2 说课★
7.2.1 说教学目标
7.2.2 说教材
7.2.3 说教法和学法
7.2.4 说教学过程
7.2.5 说板书设计
7.3 评课★
7.3.1 评教学基本功
7.3.2 评教学目标
7.3.3 评教学内容
7.3.4 评教学策略

7.3.5 评教学效果

7.4 指导参赛★

7.4.1 解读物流技能大赛指南

7.4.1.1 明确大赛指导思想和竞赛宗旨

7.4.1.2 收集历届物流大赛获奖案例

7.4.2 组织和选拔学生

7.4.2.1 组织学生

7.4.2.2 选拔学生

7.4.3 确定竞赛的辅导计划

7.4.4 指导学生做赛前训练

7.4.5 指导参加比赛

7.4.6 组织竞赛

7.5 主持精品课建设★

7.5.1 明确精品课建设标准

7.5.2 制订精品课建设规划

7.5.1.1 收集、分析国家级、省级相关精品课程

7.5.1.2 明确课程建设目标与思路

7.5.1.3 明确课程建设内容与特色

7.5.1.4 制订课程建设进度

7.5.3 组织精品课程教学团队

7.5.3.1 确定课程建设负责人

7.5.3.2 确定主讲教师

7.5.3.3 收集整理教学团队教学、科研、获奖信息

7.5.4 精品课程教材建设

7.5.4.1 制订精品课程教材建设规划

7.5.4.2 确定教材特色和编写提纲

7.5.4.3 确定教材编写团队和个人分工

7.5.4.4 完成教材编写和出版

7.5.5 精品课程网络资源的规划与建设

7.5.5.1 收集素材

7.5.5.2 组织课程摄像

7.5.5.3 建立完善课程网站

7.6 组织实习实训活动

7.6.1 制订实习实训目标

7.6.2 选择实习实训方式（校内实训、顶岗实习）

7.6.3 编写实习实训任务指导书

7.6.3.1 编写实习实训安全管理指导书

7.6.3.2 编写实习实训过程指导书

7.6.4 建立校外物流岗位实习实训联系网络

7.6.4.1 制订实习实训联系计划
7.6.4.2 走访、联络相关行业，建立实习实训联系网络
7.6.4.3 关注和参与行业趋势研究及培训
7.6.5 组织学生实习实训
7.7 指导青年教师★
7.7.1 制订青年教师指导计划
7.7.2 指导常规教学
7.7.3 指导教学比赛
7.7.4 指导教学研究
7.7.5 指导教学评价
7.7.6 指导实习实训
7.7.7 指导物流类职业资格证书考取
8 教学研究★
8.1 提出教研课题、立项
8.1.1 制订教学研究计划
8.1.2 确定教研课题的选题
8.1.3 完成课题申报
8.2 组织开展教研活动
8.2.1 制订教研活动计划，明确教研活动目的
8.2.2 选择教研活动内容
8.2.2.1 研究教学大纲与教材
8.2.2.2 研究教学方法
8.2.2.3 研究学生的学习
8.2.2.4 研究专业发展与课程变化
8.2.2.5 研究物流行业现状
8.2.3 选择教研活动形式
8.2.3.1 示范课
8.2.3.2 说课与评课
8.2.3.3 请专家作报告
8.2.3.4 参观学习
8.2.4 总结教研活动
8.3 撰写研究报告
8.3.1 明确研究报告目的
8.3.2 确定研究内容与研究方法
8.3.3 撰写研究报告提纲
8.3.4 完成研究报告
8.4 应用研究成果
8.5 撰写论文
8.5.1 确定论文选题

8.5.2 拟定论文提纲
8.5.3 撰写初稿
8.5.4 评价论文

9. 教学改革★
9.1 现状调研与评价
9.1.1 分析物流行业需求
9.1.2 分析与评价课程设置
9.1.3 分析与评价教师能力
9.1.4 分析与评价教材
9.1.5 分析语评价教学效果
9.2 提出教改方案
9.2.1 明确教改目标
9.2.2 针对现状指出存在问题
9.2.2.1 分析现状
9.2.2.2 指出存在问题
9.2.3 制订教材方案
9.3 组织实施教改方案
9.3.1 计划实施
9.3.2 实施方案（人员、课程、过程材料）
9.3.3 检查方案
9.3.4 修改完善方案
9.4 评价教改效果
9.4.1 计划教材效果评价
9.4.1.1 确认评价目的和标准
9.4.1.2 制订评价计划
9.4.1.3 确认和安排评价资源
9.4.1.4 确认和安排评价相关人员
9.4.2 开发教改效果评价工具
9.4.2.1 获取评价基准和能力展示证据
9.4.2.2 选则评价工具
9.4.2.3 依据能力标准设计收集评价证据的活动
9.4.2.4 编制评价文本
9.4.3 实施评价
9.4.3.1 确认参与评价的目标群体
9.4.3.2 收集评价证据
9.4.3.3 回顾、讨论评价过程

三、参考文献

[1] 邓泽民、王宽：《现代四大职教模式》，中国铁道出版社2006年版。

[2] 邓泽民：《职业教育课程设计》，中国铁道出版社2006年版。

[3] 邓泽民：《职业教育教学设计》，中国铁道出版社2006年版。

[4] 邓泽民：《职业教育教材设计》，中国铁道出版社2006年版。

[5] 崔英玉、曲飞、高亚杰："韩国《教师ICT应用能力标准》参考与借鉴"，《中国信息技术教育》，2008，(4)。

[6] 顾小清："国际化视野中的教师教育技术能力标准"，《中国信息技术教育》，2008，(4)。

[7] 吴宏岳："构建职业院校教师专业能力标准体系的内涵和理论依据分析"，《职业技术教育》，2008，(4)。

[8] 阚雅玲、张强："高职院校教师专业能力标准的研究"，《广东技术师范学院学报》，2008，(2)。

[9] 吴全会："联合国教科文组织《教师信息和传播技术能力标准》解读"，《中国信息技术教育》，2008，(4)。

[10] 杨尊伟："美国教师教育：从'能力本位'到'标准本位'"，《比较教育研究》，2004，(1)。

[11] 熊建辉："美国教育技术能力标准概览及其启示"，《中国信息技术教育》，2008，(4)。

[12] 丁力："面向职业能力标准，开发专业培养包"，《重庆电力高等专科学校学报》，2006，(4)。

[13] 王炜："英国《ICT应用于学科教学的教师能力标准》概览及启示"，《中国信息技术教育》，2008，(4)。

[14] 职业学校校本研训规范与教师专业能力标准（下），《职业技术教育研究》，2006，(3)。

[15] 徐玉斌："中等职业学校实习指导教师教育教学基本能力测试标准及办法"，《河南职业技术师范学院学报（职业教育版）》，2002，(3)。

[16] 石美珊："中职学校教师通用能力标准与专业发展"，《课程·教材·教法》，2007，(9)。

[17] 专职职业教育研训教师工作规范与能力标准，《职业技术教育研究》，2006，(4)。

[18] Vocational Education draft Standards for National Board Certification，1996，5.

[19] NATIONAL ASSESSMENT OF VOCATIONAL EDUCATION ，2002.

[20] Public Secondary School Teachers Survey on Vocational Education，1994.

[21] 吴清一："中国物流现状及发展趋势"，《商品储运与养护》，2001，(01)。

[22] 李振、朱传耿："中国物流理论和技术研究现状及前瞻"，《物流技术》，2005，(10)。

[23] 胡德全、王树礼、刘宁："中国物流企业生存现状及发展"，《中国物流与采购》，2008，(02)。

[24] 孙红："物流企业的现状及发展趋势初探"，《吉林交通科技》，2007，(02)。

[25] 胡德全、王树礼、郭小亮："国外物流企业发展现状及趋势"，《中国物流与采购》，2008，(01)。

[26] 胡德全、倪明仿、汤伟达："中国物流企业核心竞争力初探"，《中国物流与采购》，2008，(03)。

[27] 张震、樊福卓："第四方物流对中国物流产业发展战略的影响"，《国际商务研究》，2002，(03)。

[28] 何黎明："全球经济危机对中国物流产业的影响"，《中国物流与采购》，2008，(22)。

[29] 张震："全球经济危机对中国物流产业的影响"，《中国物流与采购》，2008，(22)。

[30] 刘丽萍："中国物流产业发展存在的问题及对策"，《湖北经济学院学报（人文社会科学版）》，2008，(02)。

[31] 徐辉、梅强："中国制造企业生产物流发展分析与研究"，《江苏商论》，2007，(02)。

[32] 吴良："中职校物流教学现状分析及对策研究"，《中国市场》，2009，(06)。

[33] 公双雷："以任务驱动的物流教学方法探究"，《物流科技》，2009，(02)。

[34] 王东生："管理类本科专业物流课程的教学设计研究"，《中国市场》，2009，(06)。

[35] 刘锐："中职物流操作技能人才培养模式初探"，《长春理工大学学报（高教版）》，2009，(02)。

[36] 余光群、王承辉："试析高职学生操作技能的培养"，《中国科技信息》，2009，(04)。

[37] 吴海侠："中职医药物流专业建设初探"，《职业教育研究》，2007，(03)。

[38] 沈杰："物流管理专业（高职）培养模式的研究与探讨"，《中国职业技术教育》，2005，(07)。

[39] 赵志群、赵丹丹、弭晓英："我国职业教育课程改革理论与实践回顾"，《教育发展研究》，2005，(15)。

[40] 黎雯霞："二年制高职通信技术专业课程设置初探"，《深圳信息职业技术学院学报》，2006，(03)。

[41] 孟景舟："职业教育和技术教育辨析"，《教育发展研究》，2008，(19)。

[42] 许翰锐："将设计竞赛作为一种实践教学资源——组织并指导学生参赛的实践与思考"，《高等职业教育（天津职业大学学报）》，2006，(02)。

[43] 郝智慧、杨冬梅："论高等职业教育国际贸易专业的实践教学"，《天津电大学报》，2007，(01)。

[44] 陈新华、廖梦云、段学红："从物流管理专业看高职院校实习实训基地建设模

式”，《中国市场》，2007，（02）。

［45］王骏、孙守成：“高职物流管理专业教学计划及其人才培养”，《物流技术》，2003，（09）。

［46］黄中鼎、周艳军、蔡卫卫：“高职物流管理专业课程设置初探”，《物流技术与应用》，2003，（06）。

［47］陈代芬：“物流管理操作型人才培养的研究与实践”，《物流技术》，2002，（05）。

［48］丁俊发：“关于启动中国物流人才教育工程的几点思考”，《物流技术》，2002，（09）。

［49］郑彬：“中职现代物流专业核心课程体系的构建”，《职教通讯》，2005，（11）。

［50］刘沙、麦影：“高职特色物流专业人才培养的探索”，《北方经济》，2006，（08）。

［51］张平：“中职物流专业情景性教学模式的探索和实践”，《职教论坛》，2005，（36）。

［52］林宝凤、林雄伟：“浅谈行为导向教学思想在职业中专物流专业教学中的运用”，《中等职业教育》，2007，（20）。

［53］李玲：“高职物流专业实践性教学探讨”，《中国成人教育》，2006，（02）。

［54］何衡：“高职院校物流专业教学中的问题与对策”，《中国科技信息》，2007，（17）。

［55］吴元佑、杨爱明、王佑华：“中职学校物流专业培养模式探讨”，《中国职业技术教育》，2006，（31）。

［56］王莉：“浅谈中职物流专业教学改革的几点看法”，《现代经济信息》，2008，（02）。

［57］黎业芬：“论高校物流管理专业毕业生就业难及解决对策”，《中国西部科技》，2009，（09）。

［58］周艳华：“关于高师院校教师职前教育中存在的几个问题的探讨”，《教育理论与实践》，2005，（16）

［59］王红艳：“‘教师实践性知识研究’课题研究概况”，《北京大学教育评论》，2007，（03）。

［60］Carter Kim，“The changing face of vocational education，” Technology & Learning，vol. 18，1998.

［61］Mayer Christine，“Transfer of Concepts and Practices of Vocational Education and Training from the Center to the Peripheries：the case of Germany，” Journal of Education & Work，Vol. 14，2001.

［62］Meade Jr.，Edward J.，“Vocational Education：its Place and its Process，” Journal of Human Resources，vol. 1 2008.

［63］Cobb Brian，“Vocational teacher education—separate and unequal，” Techniques：Making Education & Career Connections，vol. 73，1998.

［64］Wustner Kerstin，“The Role of VocationalEducation and Training in Promoting Lifelong Learning in Germany and England，” International Sociology，vol. 21，2006.

［65］Rauner Felix，“European vocational education and training：a prerequisite for mobility，” Journal of European Industrial Training，vol. 32，2008.

［66］Robson Jocelyn，Bailey Bill，“Adding value：investigating the discourse of professionalism adopted by vocational teachers in further education colleges，” Journal of Education & Work， vol. 17, 2004.

[67] McLester Susan, "Career Education in the Digital Age," Technology & Learning, vol. 28, 2007.

[68] Shacklock Geoffrey, Hattam Robert, "Enterprise Education and Teachers' Work: exploring the links," Journal of Education & Work, vol. 13, 2000.

[69] Xing Ying, Li Haipeng, "Information Literacy in Vocational Education: A Course Model," Chinese Librarianship, vol. 23, 2007.

[70] Grubs, W. Norton; Ryan, Paul, "The Roles of Evaluation for Vocational Education and Training," Journal of European Industrial Training, vol. 24, 2000.

[71] Trunick Perry A., "Demand for logisticstalent is high, but are employers finding the people they need," Logistics Today, vol. 46, 2005.

[72] Hoffman William, "Logistics Talent Hunted," Traffic World, vol. 272, 2008.

[73] Vocational Education draft Standards for National Board Certification. Department of education, Washingtion, DC. 1996.

[74] National assessment of vocational education. U. S. department of education office of educational research and improvement. 2002.

[75] Public Secondary School Teachers Survey on Vocational Education, U. S. Department of education office of the under secretary 1994.

[76] Practicing what we teach: vocational teachers learn to research through applying action learning techniques. By: Lasky, Barbara; Tempone, Irene. Journal of Further & Higher Education, Feb2004, Vol. 28 Issue 1, p79 -94, 16p.

[77] Education or training? Changes in vocational teachers' conceptions of their work. By: Heikkinen, Anja. Cambridge Journal of Education, Nov97, Vol. 27 Issue 3, p405, 19p.

[78] Vocational teacher education: At a crossroads. By: Lynch, Richard L.; Hartley, Nancy. Vocational Education Journal, Jan96, Vol. 71 Issue 1, p22, 5p.

[79] Teaching standards set for vocational education. Techniques: Making Education & Career Connections, Sep97, Vol. 72 Issue 6, p42, 1/4p.

[80] Secondary education: Vocational Studies. Times Educational Supplement, Sep2006, Issue 4689, Special section 3 p197 -198, 2p.

[81] [23] Teachers' goals regarding social competence. By: Zwaans, Annemieke; Dam, Geert ten; Volman, Monique. European Journal of Teacher Education, May 2006, Vol. 29 Issue 2, p181 -202, 22p.

[82] A New Teacher's First Year. By: Reese, Susan. Techniques: Connecting Education & Careers, May2003, Vol. 78 Issue 5, p37, 2p.

物流专业师资培训方案

为贯彻落实《国务院关于大力发展职业教育的决定》（国发［2005］35号），根据《教育部　财政部关于实施中等职业学校教师素质提高计划的意见》及教育部、财政部两部重点研究课题《中等职业学校教师素质提高计划—中等职业学校物流专业师资培训包开发项目》（编号LBZD048）的研究成果之一——《中等职业学校物流专业教师能力标准（试行稿）》，结合物流行业和中等职业学校教师实际，制定本方案。

中等职业学校物流专业师资培训方案制订说明

一、开发依据

中等职业教育是我国中等教育体系的重要组成部分，也是我国职业教育体系的重要组成部分。根据《教育部　财政部关于实施中等职业学校教师素质提高计划的意见》及教育部、财政部两部重点研究课题《中等职业学校教师素质提高计划——中等职业学校物流专业师资培训包开发项目》（编号LBZD048）的研究成果之一——《中等职业学校物流专业教师能力标准（试行稿）》，结合物流行业和中等职业学校教师实际，制订中等职业学校物流专业教师培训方案，为社会培养适合物流工作岗位的技能型人才。

根据中等职业学校教师师资培训的层次要求，培训方案的制订可分为上岗层次教师培训、提高层次教师培训、骨干层次教师培训三个层次，根据不同层次教师的能力标准要求的不同而制定独立的培训包。

通过对中等职业学校教师能力标准的分析，培训内容可分为教育类和专业类两大类。通过大量的调研和专家访谈，教育类内容确定为职业道德培训模块、职业教育学培训模块、现代教育技术应用培训模块、专业教学法培训模块、职业教育心理学培训模块五个模块；专业类为职业发展与劳动组织分析培训模块、系列专业“四新”讲座培训模块、系列专业核心课程（含技能）培训模块、企业实践培训模块四个模块。模块内容充分考虑了中等职业学校物流专业教师能力标准的要求。能力标准框架如图1、图2所示。

其中，上岗层次教师培训包的培训内容的选择参考了国家物流师职业资格标准——助理物流师标准的要求；提高层次教师培训包的培训内容的选择参考了国家物流师职业资格标准的要求，与此同时，三个层次教师培训包的内容选择充分考虑了物流专业紧缺人才培训指导方案的要求。

培训包中的培训模式、培训学时和学分，考核标准的确定和实训项目设备条件与参考标准的提出是专家根据本项目组对中职学校和一些企业的实际调研报告，通过对中等职业学校的培训条件与中职教师的实际情况的研究讨论决定的。

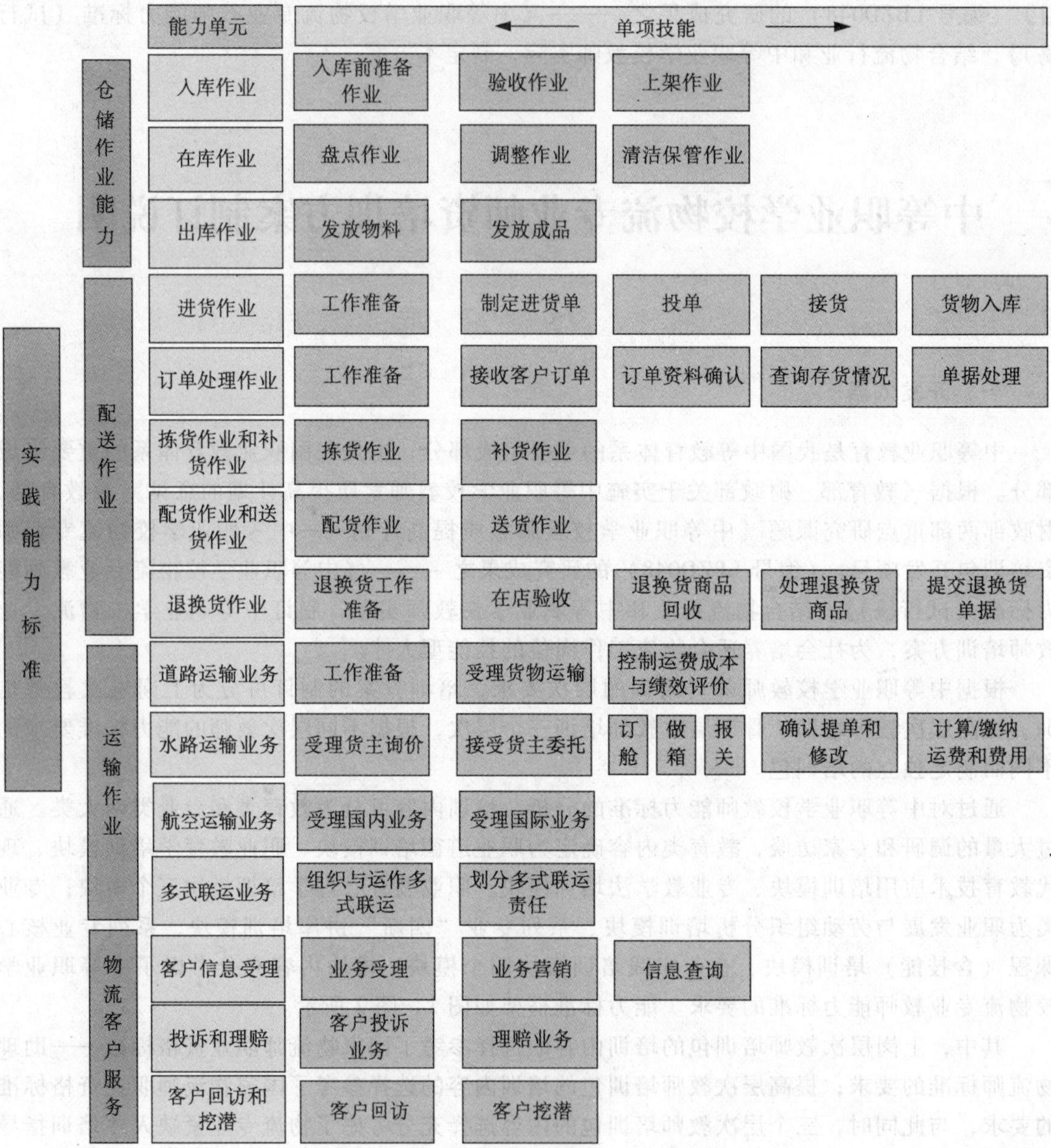

图 1　物流专业实践能力图谱

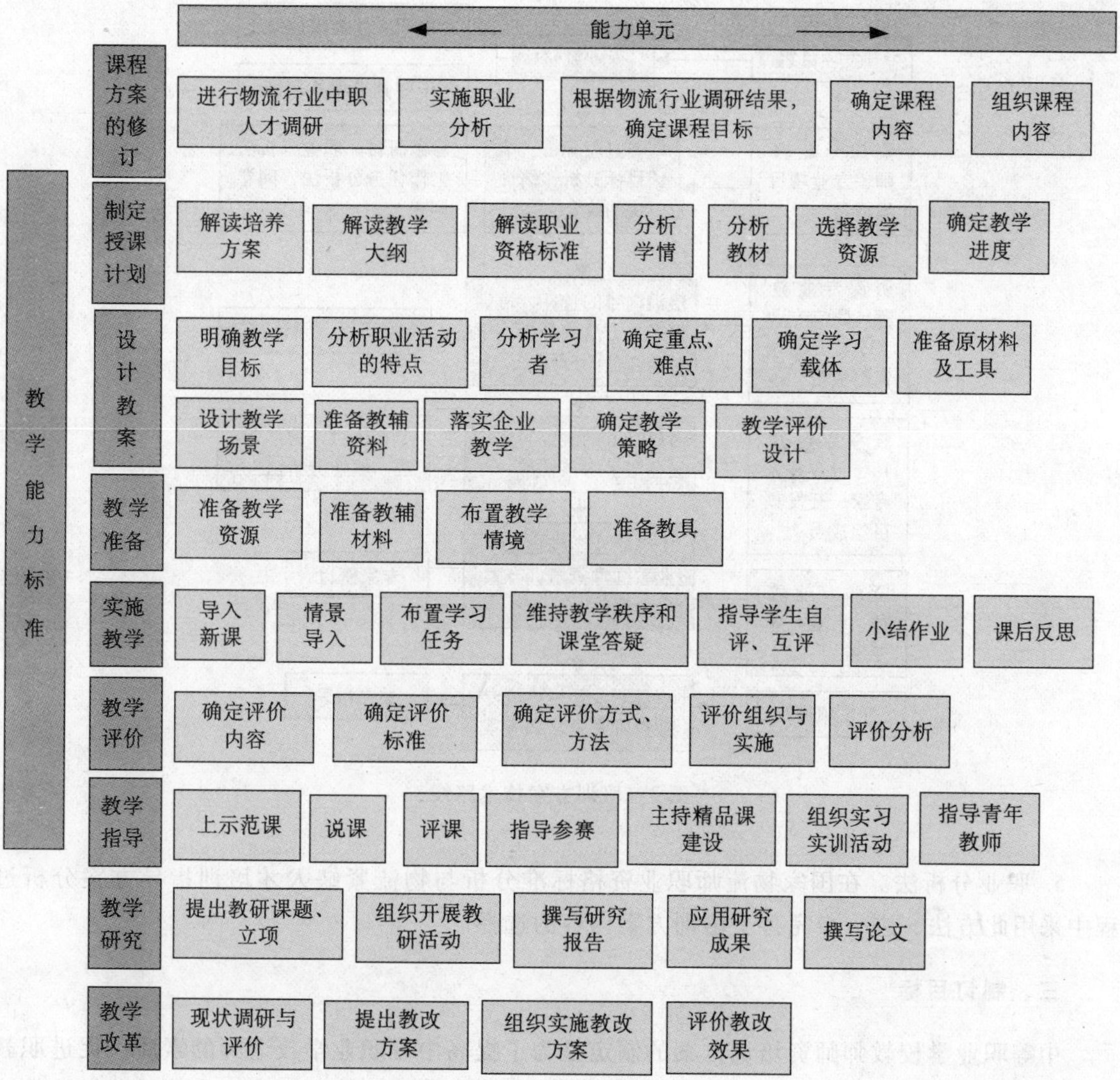

图 2　物流专业教师教学能力图谱

二、技术路线和方法

制订方法主要有（图 3）：

1. 专业调研。本方案的制订是在中职人才的需求调研和中等职业学校教师现状的调研基础上，通过专家的研究讨论制定的。调查方式有电话、访谈、问卷、座谈等方式。

2. 专家研讨。本方案制定过程中邀请、聘请了行业专业、企业专家、中职教育专家、培训专家，对中等职业学校物流专业教师能力标准进行了分析、研讨，对培训方案的制定起到了至关重要的作用。

3. 德尔菲法。因某些专家不能参与座谈会，本方案采用德尔菲法取得部分方案结果。

4. 工作任务分析法。对物流工作任务主要采用此方法，通过对物流工作任务的分析，明确了不同层次教师的培训目标，确定了培训模块。

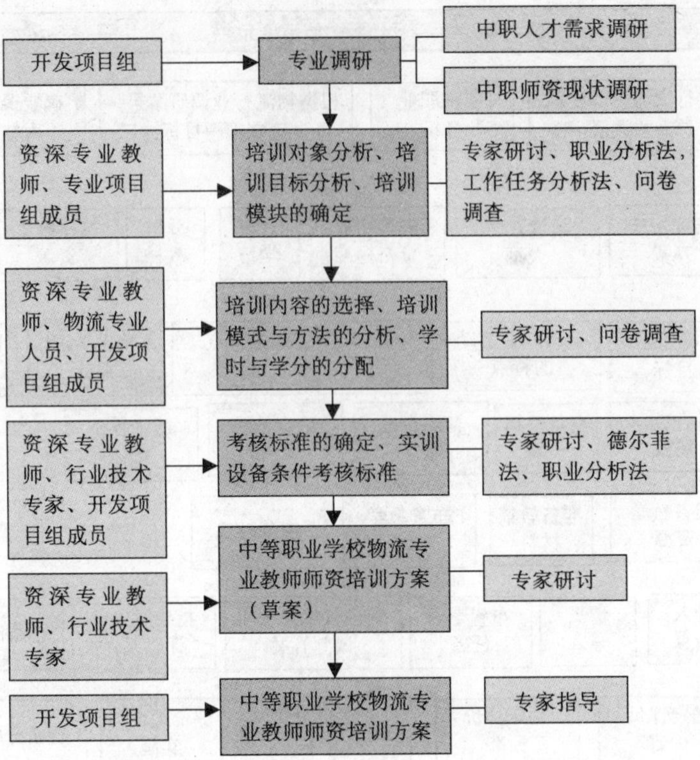

图 3　培训方案技术路线

5. 职业分析法。在国家物流师职业资格标准分析与物流紧缺人才培训指导方案分析过程中采用此方法，进一步完善了培训方案内容的选择。

三、制订目标

中等职业学校教师师资培训方案的制定是为了提高中等职业学校老师的素质；促进职教师资培养培训工作的科学化、规范化；完善职教师资培养培训体系；指导中等职业学校物流专业教师进行教学改革，为社会培养优秀的物流技能型人才。在中等职业学校物流专业教师师资培养培训过程中，根据培训方案的培训目标，注重和加强对中职教师能力的培养和锻炼，尤其是教学能力和课程实施的整合。通过培训，使该专业教师在师德修养、职业教育理念、方法和专业技能等综合能力和素质上有一个整体的提高，满足学校对各个层次教师能力素质的需求。

四、制订人员

“中等职业学校物流专业教师培训方案”是根据教育部财政部中等职业学校教师素质提高计划的要求，并依据教育部财政部中等职业学校教师素质提高计划的相关专家的意见，依据《中等职业学校物流专业教师能力标准（试行稿）》的标准，在采用了大量调研和与物流专业教育行业相关人士、管理人员讨论后得出的成果。

主要参与单位和人员如表 1 所示：

表 1　　　　　　　　培训方案人员组成

单位	姓名	职务/职称	学历（学位）	现从事专业
哈尔滨商业大学管理学院	霍红	系主任/教授	本科（学士）	物流管理
深圳职业技术学院经济管理学院	窦志铭	副院长/教授	研究生/硕士	质量管理
黑龙江工程学院	刘乔	讲师	研究生/硕士	物流管理
中国物流与采购联合会	靖安奇	培训部主任	本科（学士）	物流管理
中国商品学会	万融	会长/教授	研究生/硕士	商品学
哈尔滨商业大学	沈欣	副教授	研究生/博士	物流管理
营口市经济技术学校	姚海洲	中级	本科（学士）	物流管理
沈阳市金融学校	于鸿彬	系主任/高讲	研究生/硕士	物流管理
北京供销学校	于达坤	中级	本科（学士）	物流管理
北京市交通学校	柳合玲	高级讲师	研究生/硕士	物流管理
长春市交通职工中等专业学校	侯筱颖	高级讲师	本科（学士）	物流管理
哈尔滨商业大学管理学院	刘阳		在读研究生	物流管理

五、适用对象

本培训方案适用于基地培训和校本培训，适用对象为中等职业学校物流专业教师。上岗层次教师培训内容适用于学历达标，已获得教师资格证，刚从大学毕业，或者从文化课和其他相近专业转岗的教师，并且未从事过物流专业理论、实验实训教学。提高层级教师的培训内容适用于已经是物流专业的合格教师，并且希望通过培训提高水平与能力，向骨干教师目标努力的教师。骨干层级教师的培训内容适用于已经是物流专业带头人或者骨干的教师。

中等职业学校物流专业师资培训方案成果

一、培训目的

以国务院关于大力发展职业教育的决定，以及教育部“中等职业学校教师素质提高计划”为指导，努力改善中等职业学校教学工作，显著提高物流专业教师的业务能力、学术水平，努力建设一支高素质的教师队伍。通过培训，使接受培训的教师政治思想和职业道德水准、专业知识与专业技能、学术水平、教育教学能力和科研能力等方面的综合素质有显著提高，使之成为具有高素质、高水平，具有终身学习能力和教育创造能力、在教学实践中发挥示范作用的中等职业学校物流专业的“双师（能）型”教师。

二、培训对象

根据教师能力标准的不同要求将中等职业教师分为上岗、提高、骨干三个层级进行培训。可将三个层级界定如下：

1. 上岗层级教师界定。该层次的教师需学历达标，已获得教师资格证，刚从大学毕业，或者从文化课和其他相近专业转岗的教师，并且未从事过物流专业理论、实验实训教学。

2. 提高层级教师的界定。该层次的教师需已经是物流专业的合格教师，并且希望通过培训提高水平与能力，向骨干教师目标努力的教师。

3. 骨干层级教师的界定。该层次的教师需已经是物流专业带头人或者骨干的教师。

三、培训目标

基于能力标准制定培训目标，原则上达到：

1. 上岗层级专业教师。初步了解职业教育本质特点，了解实际的物流职业及职业规章。

掌握基本教学技能，如课程教材的选择、授课计划的制订、课程内容的组织、课程目标的确定等。能够在老教师的帮助下独立完成特定教学内容的教学，能够独立解读教学大纲的内容。能基本把握课堂的节奏，维持课堂秩序，独立应对课堂中出现的各种突发状况，如同学的突然提问。

了解讲授法、头脑风暴法、张贴板法、案例教学法等基本教学方法，掌握一到两种教学方法实施教学，能够应用基本的教学媒体，如投影仪、扩音机、摄像机、录音机、互联网、幻灯片等，能够独立完成表格和图片的制作。

培养基本的物流岗位操作技能，如条形码的识别、叉车的操作、商品的分拣和堆码等。

2. 提高层级专业教师。基本把握职业教育本质特点，理解职业教育与其他相关学科的关联，如物流管理与供应链管理、电子商务营销的关联。

能根据需要选取教学内容，确定教学资源，明确教学目标，并独立保质保量完成教学活动。能够进行教学计划的具体设计、实施与评价以及教学资料、媒体、专业实验室及实训场所的分析应用。

理解专业教学法的内涵，掌握各种专业教学方法，如思维导图法、角色扮演法、模拟教学法、项目教学法、引导文法以及四阶段教学法。

掌握职业分析方法，能够运用 DACUM 分析法、观察法、问卷调查法、访谈分析法、工作日志法、关键事件法、交叉反馈法等岗位分析方法对具体岗位和工作过程进行分析；能够通过分析获取技术工人所需的知识、技能。

培养较熟练的操作技能，如 POS 机操作技术、物流分单、装卸搬运设备的操作、配送设备的使用、配送调度等。

3. 骨干层级专业教师。深刻把握职业教育本质特点，理解职教师资教学实践和职业工作实践的这种“双重”实践能力。

根据不同教学情境熟练地完成教学活动，通过分析学情，掌握学生的知识结构，善于把工作岗位及工作过程转换为学习环境，开拓学生在物流专业工作中学习的可能性；善于开发物流专业教学中的学习工作任务；能够对上岗和提高层级教师的教学工作给予指导和评价。

熟练运用 DACUM 分析法、观察法、问卷调查法、访谈分析法、工作日志法、关键事件法、交叉反馈法等工作分析方法，将岗位分析的结果归类重组并形成新的教学内容；系统地进行技术、工作以及职业教育过程的分析、组织与评价。

能够统筹总领课题项目研究、设计研究方案、选择研究人员、控制研究过程、能够分析并解决研究过程中的突发事件、进一步形成研究成果并组织推广与实施。

培养高级别的操作技能，如 RFID 的操作技术、路由的设计、口岸物流协同平台的操作、物流相关企业信息管理系统的操作、物流相关技术软件的应用与维护等。

四、培训内容

1. 教育类

职业道德培训模块

职业教育学培训模块

现代教育技术应用培训模块

专业教学法培训模块

职业教育心理学培训模块

2. 专业类

职业发展与劳动组织分析培训模块

系列专业“四新”讲座培训模块

系列专业核心课程（含技能）培训模块

企业实践培训模块

五、培训框架

各阶段教师培训内容框架如表 2、表 3、表 4 所示。

表 2　上岗教师培训内容框架

上岗教师培训内容									
培训模块		模块内容	学时与学分			培训模式	培训方法（要求）	代码	备注
			标准学时	规定学时	学分				
教育类	职业道德培训模块	1. 教师的职责及角色任务	3	10	0.5	预设式	讲授法 + 研讨法	N11	必修
		2.《中等职业学校教师职业道德规范（试行）》解读	3						
		3. 物流行业的职业道德	4						
	职业教育学培训模块	1. 中外职业教育的比较与借鉴	4	20	1	集中式	研讨法 + 讲授法 + 视听法	N12	1/2/3 +4
		2. 职业教育的培养目标	4						
		3. 典型职业教育课程模式	4						
		4. 教学过程设计与实施	16						
	现代教育技术应用培训模块	1. 视听教学媒体的应用	10	30	1.5	单项式	讲授法 + 演示法	N13	必修
		2. 多媒体课件开发	10						
		3. 互联网教育资源利用	10						
	专业教学法培训模块	1. 讲授法	4	20	1	单项式	讲授法 + 探讨法 + 演示法 + 案例研究法	N14	1 必修 234 选两门
		2. 头脑风暴法	8						
		3. 张贴板法	8						
		4. 案例教学法	8						

续表

培训模块		模块内容	学时与学分			培训模式	培训方法（要求）	代码	备注
			标准学时	规定学时	学分				
教育类	职业教育心理学模块	1. 职业学校学生的心理发展	3	10	0.5	预设式	讲授法＋研讨法	N15	必修
		2. 职业学校学生学习动机及其激发	3						
		3. 职业学校的教学设计与课堂管理	4						
	物流职业发展与劳动组织分析培训模块	物流业发展概况与职业分析	10	10	0.5	集中式＋预设式	讲授法＋研讨法	N16	必修
	物流专业“四新”讲座培训模块	1. 物流专业新理论	4	20	1	综合性＋预设式	演示法＋视听法	N17	必修
		2. 物流专业新技术	6						
		3. 物流专业新知识	4						
		4. 物流专业新方法	6						
专业类	物流专业核心课程（含技能）培训模块	1. 物流概论	30（含4学时参观）	100	5	预设式＋课程式	讲授法＋研讨法＋参观	N18	1＋2/3/4＋5/6/7
		2. 仓储实务	40（含20学时实训）				现场教学（参观）＋模拟教学＋取得保管员证、叉车认证等		
		3. 配送实务	40（含20学时实训）				项目教学＋软件教学＋参观		
		4. 运输实务	40（含20学时实训）				项目教学＋实训＋软件教学		
		5. 物流客户服务管理	30（含6学时实训）				讲授法＋实训＋电子商务项目教学		
		6. 国际物流实务	30（含6学时实训）				项目教学＋角色扮演＋报关实训		
		7. 物流信息管理	30（含20学时实训）				软件教学		
	企业实践培训模块	1. 企业参观考察（2次）	0.5学分	/	9	集中式（基地培训）	挂岗实践＋视听法	M11	必修
		2. 岗位实习（1个月）	8学分						
		3. 助理物流师/国家三级职业资格证书	0.5学分						

注：上岗教师培训共计20学分。

表 3　　　　提高教师培训内容框架

提高教师培训内容									
	培训模块	模块内容	学时与学分			培训模式	培训方法（要求）	代码	备注
			标准学时	规定学时	学分				
教育类	职业道德培训模块	职业教育法律法规、政策及相关规章制度	10	10	0.5	应答式	讲授法	N21	必修
	职业教育学培训模块	1. 课程方案的修订	10	20	1	分散/集中参半	讲授法 + 研讨法	N22	必修
		2. 教学指导	10						
	现代教育技术应用培训模块	1. 多媒体课件开发	10	30	1.5	单项式	讲授法 + 演示法	N23	必修
		2. 概念图的制作	10						
		3. 远程教育技术	10						
	专业教学法培训模块	1. 思维导图法	10	60	3	单项式	讲授法 + 演示法 + 角色扮演法 + 模拟与游戏法	N24	必修
		2. 角色扮演法	10						
		3. 模拟教学法	10						
		4. 项目教学法	10						
		5. 引导文法	10						
		6. 四阶段教学法	10						
	职业教育心理学培训模块	1. 职业态度的形成与发展	4	10	0.5	应答式	讲授法 + 研讨法	N25	必修
		2. 职业技能的学习与迁移	6						
专业类	物流职业发展与劳动组织分析培训模块	1. 物流业相关工作过程分析	18	30	1.5	应答式	案例分析法 + 研讨法	N26	必修
		2. 物流业岗位分析	12						
	物流专业"四新"讲座培训模块	1. 物流专业新理论	4	20	1	应答式 + 单向性	演示法 + 视听法	N27	必修
		2. 物流专业新技术	6						
		3. 物流专业新知识	4						
		4. 物流专业新方法	6						
	物流专业核心课程（含技能）培训模块	1. 仓储实务	40（含 20 学时实训）	80	4	应答式 + 课程式	现场教学（参观）+ 模拟教学	N28	任选两门
		2. 配送实务	40（含 20 学时实训）				项目教学 + 软件教学 + 参观		
		3. 运输实务	40（含 20 学时实训）				项目教学 + 实训 + 软件教学		
		4. 物流客户服务管理	40（含 10 学时实训）				讲授法 + 实训 + 电子商务项目教学		

续表

培训模块		模块内容	学时与学分			培训模式	培训方法（要求）	代码	备注
			标准学时	规定学时	学分				
专业类	物流专业核心课程（含技能）培训模块	5. 国际物流实务	40（含10学时实训）	80	4	应答式＋课程式	项目教学＋角色扮演＋报关实训	N28	任选两门
		6. 物流信息管理	40（含30学时实训）				软件教学		
	企业实践培训模块	1. 企业参观考察（2次）	0.5学分	/	9	分散/集中参半式（基地培训）	挂岗实习＋视听法	M21	必修
		2. 岗位实习（1个月）	8学分						
		3. 物流师/国家二级职业资格证书	0.5学分						

注：提高教师培训共计22学分。

表4　　骨干教师培训内容框架

骨干教师培训内容									
培训模块		模块内容	学时与学分			培训模式	培训方法（要求）	代码	备注
			标准学时	规定学时	学分				
教育类	职业道德培训模块	职业教育法律法规、政策及相关规章制度	10	10	0.5	预设式	讲授法	N31	必修
	职业教育学培训模块	1. 教学指导	10	30	1.5	集中式（基地培训）	讲授法＋研讨法	N32	必修
		2. 教学研究	10						
		3. 教学改革	10						
	现代教育技术应用培训模块	1. 多媒体课件开发	10	30	1.5	单项式	讲授法＋演示法	N33	必修
		2. 虚拟现实技术	10						
		3. 人工智能技术	10						
	专业教学法培训模块	1. 模拟教学法	10	30	1.5	单项式	讲授法＋模拟与游戏法＋视听法＋研讨法	N34	必修
		2. 项目教学法	10						
		3. 引导文法	10						
	职业教育心理学培训模块	1. 职业能力分析	4	10	0.5	集中式（基地培训）	讲授法＋探讨法	N35	必修
		2. 生涯辅导	6						
专业类	职业发展与劳动组织分析培训模块	1. 物流业相关工作过程分析	18	30	1.5	应答式＋集中式（基地培训）	研讨法＋视听法	N36	必修
		2. 物流业岗位分析	12						

续表

培训模块		模块内容	学时与学分			培训模式	培训方法（要求）	代码	备注
			标准学时	规定学时	学分				
专业类	物流专业“四新”讲座培训模块	1. 物流专业新理论	4	20	1	综合性+预设式（基地培训）	演示法+视听法	N37	必修
		2. 物流专业新技术	6						
		3. 物流专业新知识	4						
		4. 物流专业新方法	6						
	物流专业核心课程（含技能）培训模块	1. 仓储实务	40	80	4	预设式+研讨式	现场教学（参观）+模拟教学	N38	任选两门
		2. 配送实务	40				项目教学+软件教学+参观		
		3. 运输实务	40				项目教学+实训+软件教学		
		4. 物流客户服务管理	40				讲授法+实训+电子商务项目教学		
		5. 国际物流实务	40				项目教学+角色扮演+报关实训		
		6. 物流信息管理	40				软件教学		
企业实践培训模块		1. 企业参观指导（4次）	1学分	/	9	分散式	挂岗实习	M31	必修
		2. 企业实习（1个月）	8学分						

注：骨干教师培训共计21学分。

（一）上岗教师培训大纲

1 教育类

1.1 职业道德培训模块

1.1.1 教师的职责及角色任务

1.1.2《中等职业学校教师职业道德规范（试行）》解读

1.1.3 物流行业的职业道德

1.2 职业教育学培训模块

1.2.1 中外职业教育的比较与借鉴

1.2.2 职业教育的培养目标

1.2.2.1 职业教育的目的

1.2.2.2 职业教育的培养目标

1.2.2.3 职业教育专业培养目标的构建

1.2.3 典型职业教育课程模式

1.2.3.1 学科式
1.2.3.2 三段式
1.2.3.3 双元制
1.2.3.4 CBE
1.2.3.5 MES
1.2.3.6 宽基础活模块
1.2.3.7 工作过程系统化课程模式
1.2.3.8 其他
1.2.4 教学过程设计与实施
1.2.4.1 制订授课计划
1.2.4.2 教学准备
1.2.4.3 实施教学
1.3 现代教育技术应用培训模块
1.3.1 视听教学媒体的应用
1.3.2 多媒体课件开发
1.3.3 互联网教育资源利用
1.4 专业教学法培训模块
1.4.1 讲授法
1.4.1.1 讲授法的相关理论
1.4.1.2 讲授法的实施步骤及要点
1.4.2 头脑风暴法
1.4.3 张贴板法
1.4.4 案例教学法
1.5 职业教育心理学培训模块
1.5.1 职业学校学生的心理发展
1.5.1.1 心理发展的含义
1.5.1.2 职校生心理发展的特征
1.5.2 职业学校学生学习动机及其激发
1.5.2.1 动机的基本含义
1.5.2.2 学习动机的基本理论
1.5.2.3 激发学生学习动机的方法
1.5.3 职业学校的教学设计与课堂管理
1.5.3.1 教学设计的基本过程
1.5.3.2 各种心理效应的含义
1.5.3.3 职业学校的课程管理

2 专业类
2.1 物流职业发展与劳动组织分析培训模块
2.1.1 物流业发展概况与职业分析
2.1.1.1 物流业发展环境

2.1.1.2 物流业发展现状

2.1.1.3 物流业发展特点

2.1.1.4 职业的概念

2.1.1.5 职业分析的作用和功能

2.2 物流专业“四新”讲座培训模块

2.2.1 物流专业新理论

2.2.1.1 大物流论

2.2.1.2 绿色物流

2.2.1.3 闭环供应链

2.2.2 物流专业新技术

2.2.2.1 条形码技术

2.2.2.2 GPS

2.2.2.3 GIS

2.2.2.4 RFID

2.2.3 物流专业新知识

2.2.3.1 流通加工新知识

2.2.3.2 包装新知识

2.2.3.3 装卸搬运新知识

2.2.4 物流专业新方法

2.2.4.1 VMI

2.2.4.2 JIT

2.2.4.3 MRP

2.2.4.4 CRP

2.2.4.5 CPFR

2.2.4.6 ERP

2.2.4.7 JMI

2.3 物流专业核心课程（含技能）培训模块

2.3.1 物流概论

2.3.1.1 物流概述

2.3.1.2 物流的基本理论

2.3.1.3 物流设施与设备

2.3.1.4 物流管理

2.3.2 仓储实务

2.3.2.1 入库管理

2.3.2.2 在库管理

2.3.2.3 出库管理

2.3.3 配送实务

2.3.3.1 进货管理

2.3.3.2 拣货和补货作业管理

2.3.3.3 配货和送货作业管理

2.3.3.4 退换货作业管理

2.3.4 运输实务

2.3.4.1 道路运输业务概述

2.3.4.2 水路运输业务概述

2.3.4.3 运输单据填写

2.3.5 物流客户服务管理

2.3.5.1 物流客户信息受理

2.3.5.2 物流客户信息资料的维护技术与方法

2.3.6 国际物流实务

2.3.6.1 国际物流与国际贸易

2.3.6.2 国际货运代理服务

2.3.6.3 国际货物运输

2.3.6.4 国际货物仓储

2.3.6.5 国际货物包装与流通加工

2.3.7 物流信息管理

2.3.7.1 物流信息系统概述

2.3.7.2 库存信息系统管理

2.3.7.3 配送中心信息系统管理

2.4 企业实践培训模块

2.4.1 企业参观考察

2.4.1.1 物流企业参观实践

2.4.1.2 生产企业参观实践

2.4.2 岗位实习

2.4.2.1 仓库保管员岗位实习

2.4.2.2 理货员岗位实习

2.4.3 助理物流师/国家三级职业资格证书

（二）提高教师培训大纲

1 教育类

1.1 职业道德培训模块

1.1.1 职业教育法律法规、政策及相关规章制度

1.2 职业教育学培训模块

1.2.1 课程方案的修订

1.2.2 教学指导

1.3 现代教育技术应用培训模块

1.3.1 多媒体课件开发

1.3.2 概念图的制作

1.3.3 远程教育技术

1.4 专业教学法培训模块
1.4.1 思维导图法
1.4.2 角色扮演法
1.4.3 模拟教学法
1.4.4 项目教学法
1.4.5 引导文法
1.4.6 四阶段教学法
1.5 职业教育心理学培训模块
1.5.1 职业态度的形成与发展
1.5.1.1 职业态度形成和发展的基本理论
1.5.1.2 塑造职校生良好的职业态度的方法和途径
1.5.2 职业技能的学习与迁移
1.5.2.1 迁移的基本理论
1.5.2.2 职业技能学习迁移的方法和步骤
2 专业类
2.1 物流职业发展与劳动组织分析培训模块
2.1.1 物流业相关工作过程分析
2.1.1.1 保管管理工作流程分析
2.1.1.2 配送中心管理工作流程分析
2.1.1.3 运输管理工作流程分析
2.1.1.4 物流服务客户管理工作流程分析
2.1.1.5 国际物流系统运作工作流程分析
2.1.2 物流业岗位分析
2.1.2.1 采购专员岗位职责
2.1.2.2 仓库管理专员
2.1.2.3 运输专员
2.1.2.4 客户服务专员
2.2 物流专业“四新”讲座培训模块
2.2.1 物流专业新理论
2.2.1.1 大物流论
2.2.1.2 闭环供应链
2.2.2 物流专业新技术
2.2.2.1 GPS
2.2.2.2 GIS
2.2.2.3 RFID
2.2.3 物流专业新知识
2.2.3.1 仓储新知识
2.2.3.2 运输新知识
2.2.4 物流专业新方法

2.2.4.1 CRP

2.2.4.2 CPFR

2.2.4.3 ERP

2.2.4.4 JMI

2.3 物流专业核心课程（含技能）培训模块

2.3.1 仓储实务

2.3.1.1 零件调整计划

2.3.1.2 ABC 盘点方法

2.3.1.3 特种物资保管（危险品保管；冷藏品保管；油品保管；医药卫生器材保管）

2.3.2 配送实务

2.3.2.1 进货管理

2.3.2.2 订单管理

2.3.3 运输实务

2.3.3.1 航空运输业务概述

2.3.3.2 在途货物管理

2.3.3.3 集装箱管理

2.3.4 物流客户服务管理

2.3.4.1 物流客户信息的查询

2.3.4.2 物流客户的投诉管理

2.3.5 国际物流实务

2.3.5.1 进出口交易程序

2.3.5.2 国际物流航线与港口

2.3.5.3 国际货物报关与报检

2.3.5.4 国际货物运输保险

2.3.5.5 国际货运单证

2.3.6 物流信息管理

2.3.6.1 运输信息系统管理

2.3.6.2 电子商务营销

2.3.6.3 物流信息系统的发展

2.4 企业实践培训模块

2.4.1 企业参观考察

2.4.1.1 物流企业参观考察

2.4.1.2 商品企业参观考察

2.4.2 岗位实习

2.4.2.1 采购专员岗位实习

2.4.2.2 运输专员岗位实习

2.4.2.3 物流客户服务专员岗位实习

2.4.3 物流师/国家二级职业资格证书

（三）骨干教师培训大纲

1 教育类

1.1 职业道德培训模块

1.1.1 职业教育法律法规、政策及相关规章制度

1.2 职业教育学培训模块

1.2.1 教学指导

1.2.2 教学研究

1.2.3 教学改革

1.3 现代教育技术应用培训模块

1.3.1 多媒体课件开发

1.3.2 虚拟现实技术

1.3.3 人工智能技术

1.4 专业教学法培训模块

1.4.1 模拟教学法

1.4.2 项目教学法

1.4.3 引导文法

1.5 职业教育心理学培训模块

1.5.1 职业能力分析

1.5.1.1 职业能力的基本构成

1.5.1.2 职业能力的形成过程

1.5.2 生涯辅导

1.5.2.1 生涯辅导与职业指导的区别与联系

1.5.2.2 生涯辅导的主要理论

1.5.2.3 生涯辅导的实施策略

2 专业类

2.1 物流职业发展与劳动组织分析培训模块

2.1.1 物流业相关工作过程分析

2.1.1.1 运输管理工作流程分析

2.1.1.2 库存管理工作流程分析

2.1.1.3 包装管理工作流程分析

2.1.1.4 物流服务营销工作流程分析

2.1.2 物流业岗位分析

2.1.2.1 采购主管岗位职责

2.1.2.2 仓储主管

2.1.2.3 运输主管

2.1.2.4 信息管理专员

2.1.2.5 物流规划专员

2.2 物流专业“四新”讲座培训模块

2.2.1 物流专业新理论

2.2.1.1 闭环供应链

2.2.2 物流专业新技术

2.2.2.1 GIS

2.2.2.2 RFID

2.2.3 物流专业新知识

2.2.3.1 配送新知识

2.2.3.2 物流信息处理新知识

2.2.4 物流专业新方法

2.2.4.1 CRP

2.2.4.2 CPFR

2.2.4.3 JMI

2.3 物流专业核心课程（含技能）培训模块

2.3.1 仓储实务

2.3.1.1 集装箱码头装卸工艺

2.3.1.2 集装箱码头进出口程序及现场操作项目

2.3.1.3 自动化立体仓库规划设计

2.3.2 配送实务

2.3.2.1 进货管理

2.3.2.2 订单管理

2.3.3 运输实务

2.3.3.1 多式联运业务管理

2.3.3.2 运输线路与场站的设计与规划

2.3.3.3 运输成本与价格管理

2.3.3.4 运输质量评价

2.3.4 物流客户服务管理

2.3.4.1 物流客户的理赔受理

2.3.4.2 物流客户的挖潜

2.3.5 国际物流实务

2.3.5.1 国际货运单证

2.3.5.2 国际物流信息系统及标准化

2.3.5.3 跨国公司的物流管理

2.3.6 物流信息管理

2.3.6.1 ERP 管理

2.3.6.2 供应链信息系统介绍

2.3.6.3 物流信息系统新软件的介绍

2.4 企业实践培训模块

2.4.1 企业参观考察

2.4.1.1 第三方物流企业参观指导

2.4.1.2 商品企业参观指导

2.4.1.3 生产企业参观考察

2.4.1.4 跨国公司参观考察

2.4.2 企业实习

2.4.2.1 物流规划员岗位实习

2.4.2.2 物流客户服务主管岗位实习

六、考核

1. 理论知识。理论知识的考核主要是考察教师对培训的理论知识的掌握水平，其中：

上岗类：综合卷考试（百分制）。

提高类：完成所在学校物流专业人才需求情况的调研报告（不少于3000字）。

骨干类：完成所在学校物流专业教学改革实施方案（不少于5000字）。

2. 专业实践技能。专业实践技能的考核主要是考察教师所具备的专业实践能力水平，主要是与本专业相关的操作技能。考核的标准应结合不同层次教师的选修课程内容选择要完成的实训项目测评。

3. 企业实践活动。企业实践活动的考核主要是考察教师所具备的企业实践活动能力水平，其中：

上岗类：3000字企业实践报告，并获得助理物流师资格证书。

提高类：5000字企业实践报告，并获得物流师资格证书。

骨干类：5000字企业实践报告，并提交一份关于工作过程转化为学习情境的实施方案及实施过程材料。

4. 教案与试讲。教案与试讲主要考察教师准备教案以及教学能力水平，其中：

上岗类：2课时教案+试讲/说课。

提高类：2课时示范课。

骨干类：2课时示范课。

5. 教学研究论文。教学研究论文主要是考察教师的科研能力水平，其中：

提高类：完成教研论文一篇（不少于5000字）。

骨干类：完成教研论文一篇（不少于5000字）。

6. 平时作业与出勤。平时作业与出勤主要是记录培训对象在整个培训过程中的作业与出勤情况，包括培训作业的完成率、完成质量、出勤次数以及迟到早退情况等内容。其中：

上岗类：平时作业3~5次，出勤率达90%以上。

提高类：平时作业3~5次，出勤率达85%以上。

骨干类：平时作业3~5次，出勤率达80%以上。

七、培训方法

有效的培训方法是保证培训效果的重要手段。在物流培训实施过程中一定要注意选择恰当的培训方法。常用的有效的培训方法有：讲授法、案例分析法、角色扮演法、研讨法、演示法、视听法、案例研究法、模拟与游戏法等。各种教育培训的方法具有各自的优缺点，为了提高培训质量，往往需要将各种方法配合运用。

讲授法是培训师通过语言表达，系统地向受训者传授知识，期望这些受训者能记住其中的重要观念与特定知识。它要求讲授内容要有科学性，这是保证讲授质量的首要条件；讲授要有系统性，条理清晰，重点突出；讲授时语言要清晰，生动准确；必要时运用板书；培训师与受训者要相互配合，这是取得良好讲授效果的重要保证。

演示法是运用一定的实物和教具，通过实地示范，使受训者明白某种工作是如何完成的。它要求示范前准备好所有的用具，搁置整齐；让每个受训者都能看清示范物；示范完毕，让每个受训者试一试；对每个受训者的试做给予立即的反馈。

研讨法是通过培训师与受训者或受训者之间的讨论以解决疑难问题。它要求每次讨论要建立明确的目标，并让每一位参与者了解这些目标；要使受训人员对讨论的问题发生内在的兴趣，并启发他们积极思考；在大家都能看到的地方公布议程表（包括时间限制），并于每一阶段结束时检查进度。研讨形式包括：演讲、小组讨论、沙龙、集体讨论、委员会式和系列研讨式。

视听法就是利用幻灯、电影、录像、录音、电脑等视听教材进行培训，多用于上岗教师培训中。它要求播放前要清楚地说明培训的目的；依讲课的主题选择合适的视听教材；以播映内容来发表各人的感想或以“如何应用在工作上”来讨论，最好能边看边讨论，以加深理解；讨论后培训师必须做重点总结或将如何应用在工作上的具体方法告诉受训人员。

角色扮演法是设定一个最接近现实状况的培训环境，指定参加者扮演某种角色，借助角色的演练来理解角色的内容，从而提高主动地面对现实和解决问题的能力。它要求宣布练习的时间限制；强调参与者实际作业；使每一事项都成为一种不同技巧的练习；确保每一事项均能代表培训计划中所教导的行为。

案例分析法是利用书或影片，将实际或想象的情况，用相当详细的方式描述出来。它的重点是对过去所发生的事情作诊断或解决特别的问题，它比较适合静态地解决问题。

模拟与游戏法要求游戏涉及竞争、必须有一定的游戏规则并有一定的结局。

此外，通过多媒体技术的应用、虚拟实验技术的引入、虚拟工作环境的建立，为职教师资的教学培训创设新的学习情景。

八、实训项目设备条件参考标准

实训项目设备条件参考标准如表5所示。

表5　　实训项目设备条件参考标准

实训模块		设备名称	基本要求	数量	备注
运输管理系统	运输调度系统	AGV小车	可模拟真实货运		
		小车	可模拟运输调度		
		GPS模拟系统	含软、硬件	1套	
		GIS模拟系统			
	运输管理仿真系统	计算机		若干套	
		服务器		1台	

续表

实训模块		设备名称	基本要求	数量	备注
运输管理系统	运输管理仿真系统	软件	1. 业务操作管理中心（设备集装业务员、零担业务员） 2. 调度中心（设置运力管理员、线路管理员、派车员） 3. 车辆管理中心（设置车辆跟踪员） 4. 车辆管理中心（设置价格及合同管理员） 5. 运价管理中心（设置价格及合同管理员） 6. 计费中心（设置收费员、成本计算员、会计员） 7. 企业领导中心（设置总经理、部门主管）	1 套	
仓储与配送管理系统	宽巷道立体库	立体货架	4 层 5 列（共 40 个仓位）	2 套	
		托盘	各种形式托板，大小不一	100 只	
		电动堆高机	带嵌入式系统	3 架	
		手动小车		3 辆	
	窄巷道立体库	立体货架	6 层 10 列（共 240 个仓位）	4 套	
		全自动堆垛机	挂壁式	1 架	
		半自动堆垛机	轨道式	1 架	
		出入货台	带平移功能	4 套	
		输送链	辊道式输送链，带自动推杆 3 个 $6m \times 0.47m \times 0.5m$	1 套	
		流利式集货台	重力式流利链	3 套	
		平移输送辊	链条式	4 套	
	仓储自动线	电子标签系统	含计算机、电子标签显示器、软件	1 套	
		自动分拣装置		1 套	
		计算机		若干套	
		服务器		1 台	
	配送管理仿真系统	软件	1. 入库订单管理中心（设置订单员、退货员） 2. 入库标准作业中心（设置卸货员、验货员、标签员、上架员） 3. 配送订单管理中心（设置订单员、退货员、配送价格员） 4. 配送标准作业中心（设置派车员、计划员、备货员、拣货员、装箱员、发货员、司机） 5. 作业调度中心（设置作业安排员、库位管理员） 6. 加工及补货中心（设置补货员） 7. 仓库盘点及异常中心（设置盘点员、移货员） 8. 计费中心（设置费用设置员、合同管理员、费用结算员、报表管理员） 9. 企业领导中心（设置总经理、配送中心主任、各部门主管）	1 套	

续表

实训模块		设备名称	基本要求	数量	备注
仓储与配送管理系统	仓储堆场	货台堆栈	按一个堆栈可放四个托板为标准	4套	
		电动铲车	带嵌入式系统	1~3辆	
		液压手动起重车		2辆	
	仓储管理仿真系统	软件	1. 入库管理中心（设置入库计划员、入库理货员、单证员） 2. 出库管理中心（设置出库计划员、出库理货员、单证员） 3. 库内加工处理中心（设置加工计划员） 4. 仓库盘点及异常处理中心（设置盘点计划员、盘点员） 5. 运输业务中心（设置车辆调度员、司机） 6. 保税、监管货物管理中心（设置报关员） 7. 计费、合同管理中心（设置费用管理员） 8. 企业领导中心（设置总经理、各部门主管）	1套	
物流客服管理系统	硬件	呼叫中心室	容纳座席10~20个	1间	
		计算机		若干套	
		服务器		1台	
	软件	物流客服软件	模拟电话接听、业务受理服务	1套	
物流信息处理系统	先进传感器件	GPS系统（全球卫星定位系统）	含基站及分站 1. 车载GPS货物跟踪 2. 手持GPS导航 3. 笔记本电脑用GPS导航	1套	可模拟系统
		条码打印机	可打印一维条码（包括商品条码、物流条码等）、二维条码（PDF417等）	3个	
		条码传感器	动态读入	8个	
		手持终端	可识别一维条码（包括商品条码、物流条码等）、二维条码（PDF417等）	2个	
		无线射频系统（RF）	射频标签制作	1套	
		POS系统		2台	
		电子标签	应符合货位要求		
		看板	各实验室环境一块1m×0.6m	4块	
		GIS（地理信息系统）	全国数字地图		
		计算机	台式	若干套	
	管理软件	仓储管理软件		1套	
		配送管理软件		1套	
		运输管理软件		1套	
		货代管理软件		1套	
		快递管理软件		1套	

物流专业实训项目设备配备说明：

1. 物流专业实训项目设备配备可满足1个教学班训练需用量。同时可进行物流行业中初级技术人员岗位培训。实训中各实训项目可穿插进行，有利于提高设备的利用率。

2. 实训项目的主要任务是理解相应核心课程或训练项目的知识，锻炼学习者的实际动手能力。

3. 实训项目所列的设备，充分考虑了先进性原则及实用性原则。

4. 各基地（学校）可以根据专业方向、办学条件、实训系统的大小、实训容量，对实训设备进行适当组合和调整。

物流专业教师培训质量评价指标体系

一、教师培训质量评价体系内涵界定

中等职业学校专业教师培训质量评价是对每次专业教师培训项目的培训质量进行的评价。它不单纯是对培训机构、培训内容或培训教师的评价，也是一个以培训质量为中心的综合性评价。

二、教师培训质量评价体系制定依据

1. 中等职业学校物流专业教师的教学能力标准。

2. 中等职业学校物流专业教师的培训方案。

3. 中等职业学校物流专业教师的培训过程（包括培训方案、培训条件、培训管理、培训教学和培训效果）。

三、教师培训质量评价指标的确定

根据教育部对物流专业教师培训的要求，物流专业教师培训质量的评价指标应从专业教师的教学能力标准出发，由培训方案、培训条件、培训管理、培训效果 4 个一级指标和 27 个二级指标构成，每个二级指标有评价重点内容、评价标准、评分等级、权重和得分构成。

1. 培训方案。培训方案是实施培训工作的纲领性文件，是培训质量的基础性工作。培训方案指标主要包括培训需求调研、国家制订的专业教师能力标准和培训方案的联系、培训目标定位准确性、培训模式和方法的先进性和实用性、培训内容与培训目标的吻合度、考核内容与方法的科学性，以反映培训方案质量的有关内容。

2. 培训条件。培训条件是实施培训方案的人力和物力保障。培训条件指标包括培训师资素质与构成、校内教学设施和实习实训条件、生活保障及服务设施、校外实习实训企业支撑培训任务的主要条件。

3. 培训管理。培训管理是落实培训方案的制度保障。培训管理指标包括管理队伍专业化程度、培训管理制度与落实、培训方案执行情况、培训质量监控、培训工作计划与总结、培训档案管理、培训反馈制度等。

4. 培训效果。培训效果是培训质量的最终表现。培训效果指标包括培训目标的达成度、考核成绩合格率与分布情况、反映学员综合职业能力的作业或作品情况、培训学员取证率、企业评价、学员自我评价、培训管理评价、学员满意度、选送单位满意度、培训创新。

四、评价指标体系构建

1. 上岗培训、提高培训和骨干培训一般采用同一评价表。

2. 每个指标的评价等级按照优劣顺序分为 A、B、C、D 四个级别，评价标准只列出 A、C 两个等级的标准，介于 A、C 之间的为 B 级，低于 C 级的为 D 等级。

3. 评价等级 A 为 5 分，B 为 4 分，C 为 3 分，D 为 2 分。

4. 评价指标权重根据评价指标对培训质量影响的重要程度确定，权重与评价等级的分数相乘即为各个指标的评价得分，各评价指标总分应低于 100 分。

五、评 价 结 果

1. 本评估指标体系得分与网络评价系统（如专业骨干教师国家级培训网络评价系统）结合使用，采用 3:7 的权重比例计算评价得分。

2. 评价结果分为优秀、良好、合格、不合格四个等级，给出各个等级的具体分数区域。

附表　　物流专业教师上岗（提高、骨干）培训质量评价表

一级指标	二级指标	评价重点内容	评价标准		评价方法	评价等级	权重	得分
			A	C				
培训方案 0.15	培训需求调研	调研成果、成果应用	有详细的调研报告、调研结论可充分利用	对培训内容征求学员意见并采用	查资料 开座谈会		0.03	
	与教师专业能力标准关系	关系的紧密程度与对应性	培训方案与专业能力标准内容紧密对应	培训方案与专业能力标准基本上做到对应	开座谈会		0.02	
	培训目标定位准确性	目标的合理性和可行性	目标设立合理，并且完全具有可行性	目标定位基本合理	开座谈会		0.03	
	培训模式和方法的先进性和实用性	模式和方法的应用、应用的效果	培训模式和方法新颖、可操作性强、成效好	培训模式和方法符合培训内容基本所需	开座谈会 现场听课		0.03	
	培训内容与培训目标的吻合度	培训内容是否围绕培训目标展开	培训内容紧密围绕培训目标展开	培训内容基本围绕培训目标展开	开座谈会		0.02	
	考核内容与方法的科学性	考核内容的全面性和考核方法的多样性	考核内容全面且考核方法多样	考核内容和方法符合一般考核的要求	开座谈会		0.02	
培训条件 0.15	培训师资素质与构成	教师的职称、专业领域、任教时间	名师或高职称教师所占比例大于80%	名师或高职称教师所占比例大于50%	查资料 开座谈会		0.05	
	校内教学设施和实习实训条件	教学设施完备和实习实训条件充分情况	有健全的教学设施和实习实训条件	具备日常所需的教学设施和一般实习实训条件	实地考察		0.04	
	生活保障及服务设施	生活便利性、各种服务设施完备性	生活便利、各种服务设备齐全	具有满足一般生活所需的服务设施	实地考察		0.02	
	校外实习实训企业	实习实训企业的规模、数量和条件	企业有较大的规模、满足培训中所需的各种实训条件	企业能基本满足一般实习实训条件和情况	实地考察		0.04	
培训管理 0.1	管理队伍专业化程度	管理队伍人员的构成和素质	有大量高水平、专业化的管理人员	有一些专业化的管理人员	调查		0.01	
	培训管理制度与落实	管理制度设立的科学合理性和落实情况	培训管理制度科学合理且严格进行落实	有培训管理制度且能够落实	调查 开座谈会		0.02	

续表

一级指标	二级指标	评价重点内容	评价标准		评价方法	评价等级	权重	得分
			A	C				
培训管理 0.1	培训方案执行情况	执行的力度和应对突发情况的能力	能严格执行培训方案并及时有效处理突发事件	能执行培训方案	调查 开座谈会		0.02	
	培训质量监控	质量监控的力度和效果	保证质量监控的实施且效果佳	能完成质量监控	调查 开座谈会		0.01	
	培训工作计划与总结	工作计划的周密性和总结的全面性	工作计划翔实、周密，总结全面、透彻	工作计划和总结基本健全	调查 开座谈会		0.01	
	培训档案管理	培训档案管理的科学性和有效性	科学有效地进行培训档案的管理	能对培训档案进行管理	调查 开座谈会		0.01	
	培训反馈制度	反馈制度的合理性和实施情况	培训反馈制度合理且能有效实施	建立了培训反馈制度并进行实施	调查；查看档案及学员网上评教信息		0.02	
培训效果 0.5	培训目标的达成度	培训目标的达成率	达成培训目标90%以上	达成培训目标60%以上	开座谈会		0.05	
	考核成绩合格率与分布情况	考核成绩合格率高低及成绩分布的分值	成绩合格人数占90%以上，成绩分布在85～100分	成绩合格人数占60%以上，成绩分布在60～70分	统计调查		0.05	
	反映学员综合职业能力的作业或作品情况	作业及作品的完成率和满意度	作业或作品完成率及满意度高	能够完成作业或作品	统计调查		0.08	
	培训学员取证率	取证率高低	取证率占90%以上	取证率占60%以上	统计调查		0.03	
	企业评价	企业对学员的表现评价的高低	企业对学员的表现给予高度评价	企业对学员的表现给予一般评价	调查		0.04	
	学员自我评价	学员自我评价的高低	学员自我评价高	学员自我评价一般	调查 开座谈会		0.04	
	培训管理评价	对培训管理评价的高低	给予培训管理高评价	给予培训管理一般评价	调查 开座谈会		0.03	
	学员满意度	学员对所学内容、实习实训情况及生活条件等各方面的满意度	学员对所学内容、实习实训情况及生活条件等各方面非常满意	学员对所学内容、实习实训情况及生活条件等各方面感到基本满意	调查 开座谈会		0.08	

续表

一级指标	二级指标	评价重点内容	评价标准		评价方法	评价等级	权重	得分
			A	C				
培训效果 0.5	选送单位满意度	学员培训后将所学内容与本校教学的联系与应用以及应用效果	能够有效地将所学与本校教学联系与应用并取得好的效果	能够将所学与本校教学联系与应用	调查 开座谈会		0.08	
	培训创新	创新意识及培训创新的效果	创新意识强，在培训模式、方法等方面进行了系统创新	有一定的创新意识并进行了一定的培训创新	开座谈会		0.02	